中國美術分類全集

中國竹木牙角器全集

5

家具

中國竹木牙角器全集編輯委員會 編

《中國竹木牙角器全集》編輯委員會

凡例

一　《中國竹木牙角器全集》共五卷，主要按材料質地和時代順序編排，其中竹刻器一卷，木雕器二卷，牙角器（含骨器）一卷，家具一卷，力求全面展示中國竹木牙角器工藝的發展面貌。

二　《中國竹木牙角器全集》編選以故宮博物院藏品為主，酌收各地有代表性的珍品；既考慮器物本身的藝術價值，又兼顧不同地區和流派。

三　本書為《中國竹木牙角器全集》第五卷，選錄戰國時代至清代木質家具精品。

四　本書主要內容分三部分：一為專論，二為圖版，三為圖版說明。

五　書中『黃花梨』依主編意見采用『黃花黎』。

目錄

中國古代家具簡述

胡德生

我國家具藝術歷史悠久，在距今四千多年前的山西陶寺龍山文化遺址中，就發現了放置陶、木豆等飲食器的低矮木案。案面塗紅彩，周圍繪出了三至五釐米寬的白色邊框。旁邊還發現放有石刀的木俎。這些發現表明當時已開始使用簡單的木質家具了。隨着生產力的發展，到商周時期，已知道用青銅和漆來製造家具。商代墓葬出土的六足三眼銅禁和十字紋銅俎，製作精美，不但可以盛放器物，還可在下面燒火加溫。日常使用的坐具，除茵席外，還有床几和案。床，在漢代以前，含意較廣，不僅坐臥具稱床，其他還有梳洗床、火爐床、筆床、墨床等，臥具床指睡眠用的床。坐具床是供一人坐用的小平臺，也叫『榻』或『枰』。几、案是坐時依憑或進食的器具，常和優待老人的禮節聯繫在一起。《周禮·春官·司几筵》規定『司几筵』，主管五種几案，五種席墊的名稱品質，辨別它們的用途及陳設的位置。凡是大的朝覲會見，大型宴亨和射儀，分封國邑，第命諸侯的時候，王的位前設置絳色底、白黑花紋的屏風，屏風前邊朝南為王鋪設筵席，左右安設嵌有玉石的几。祭祀先王和王受酢的席位也要這樣陳設。諸侯祭祀的席，先鋪繡有方格花紋的蒲席，上面再鋪上白色莞席。右側安放雕刻花紋的几。獻酒的酢席，以白邊莞席作底，上鋪繡雲氣的藻席。為國賓在窗前鋪設的筵席也同樣。左側設彤几（紅色漆几），君王四時田獵，則使用熊皮製成的熊席。右側放漆几（漆几，即黑色漆几）。凡有喪事祭奠設葦席，右側設素几（白色几）。遇吉慶喜事時，改用有漆飾的几案。這説明几案的使用在商周時期，有着極嚴格的等級觀念。

戰國至三國時期，人們還保留着席地坐臥的習俗，使用的仍是低型家具。但工藝水準遠遠高於前代，這時期以中山王墓出土的錯金銅方案、錯金銀獸形屏風座和曾侯乙墓出土的漆几、漆案、衣箱，還有長臺關出土的彩漆木床、雕花漆几、漆案等最為突出。

漢代的案，形體逐漸加大。有的重疊四五層案，用以陳設器物。案有方、有圓，主要用於進食。床的使用已擴大到日常起居和接見賓客。使用時，床上置几，左右及身後有折疊屏風圍護。東漢末期，西北民族的可折疊胡床，傳入中原，流行於宮廷和貴族之間。常用於戰爭和狩獵，還未在民間普遍使用。

魏晉南北朝時期，是中國歷史上空前的民族大融合時期，漢代以前的禮俗和人們的生活習慣發生了很大變化。傳統家具也有了很大發展。如睡眠用的床開始加高，床上裝圍子，床頂裝架。人們既可以盤足坐在床上，又可以垂足坐於床沿，床的下部以壺門作裝飾。廳堂內供坐的榻，尺寸也加高加大，榻上配備供依靠用的長几、隱囊或半圓形憑几。這時期，由東漢末年傳入的胡床逐漸普及到民間，同時還輸入了椅子、方凳、圓凳，束腰形圓凳等高型坐具，對人們起居習慣和室內空間的處理上產生了極大的影響，成為唐代以後逐步摒棄席地起居習慣的前奏。在當時的石窟造像、彩繪、壁畫、墓葬明器等形象資料中，充分反映了這一點。

隋唐五代時期，尤其是唐代，由於經濟的發展，一度形成盛世局面，手工藝的發展促進了家具業的發展，嵌鈿、髹漆等各項裝飾工藝，已進一步運用到家具上。南北朝時期流行的壺門裝飾，到唐五代時期逐漸演變成簡單的馬蹄兒和托泥。在起居方式方面，垂足坐的習慣也由上層貴族逐漸普及到民間。與高坐垂足相適應的高型桌案在唐代也開始增多。在唐代繪畫《六尊者像》中，有精致的束腰長桌、翹頭案，還有鑲金墜玉的大椅。在五代《韓熙載夜宴圖》中，表現出各式扶手椅、坐墩、屏風、長桌和『凹』形平面的大床。五代周文矩《重屏會棋圖》和王齊翰《勘書圖》中的三折屏風，屏前有大床和大案等，從畫面中人物的比例看，屏風形體高大，成為人們起居活動和家具佈置的重要背景。這說明當時人們在處理室內空間和家具的合理配置上已有一定的理論和概念。也可看出，後代各種家具類型，在唐、五代之間已基本具備簡潔、樸素、大方的風格特點。

歷史发展至宋代，垂足坐的起居方式和適應這種方式的高型家具，從東漢末年開始，經過魏晉南北朝和隋唐五代歷時近千年的演化過渡，終於完全改變商周以來流行的席地跪坐的起居習慣及其相關家具。從宋代繪畫和墓葬中所反映的家具看，各類高型家具在民間已十分普遍。張擇端《清明上河圖》中所描繪的市肆小店及平民家中，無不陳放各式家具。在近年發掘的宋代墓葬中，也有相當數量的宋代家具出土，有的還在墓室牆壁上用磚砌成各式家具或彩繪墓主人使用家具的場面，足見家具在人們生活中的地位和人們喜愛家具的程度。宋代家具在空前普及的同時還衍化出很多新品種。如圓形和方形的高几、琴桌和床上使用的小炕桌等。

遼、金與兩宋同時並存，家具藝術也發展較快。如，內蒙古巴林右旗遼墓出土的木桌，桌腿削出曲邊，兩條橫棖上裝曲邊矮柱與腿共同支撑桌面。內蒙古解放營子出土的遼代木床，床上裝圍欄，四角有雕飾的柱頭，面下不用四足，而用長方底座，正面裝飾八個桃形圖案，內塗朱紅色。遼寧朝陽金墓壁畫上的方桌，腿间裝橫棖，上飾兩組雙矮佬。腿的兩側及足端，裝飾着雲紋翅。山西岩上寺金代壁畫《酒樓市肆圖》中還描繪着交叉腿的折疊桌。山西大同金墓還出土成套桌、椅、床、几之屬。遼、金與宋儘管所處地域不同，但在家具造型和結構方面和宋朝有着很多相通之處，都較前代有很大變化。突出表現為樑柱式的框架結構代替了隋唐以前沿用的箱式壺門結構，並大量應用了裝飾性的線腳。

元代立國時間較短，政治、經濟、文化基本沿襲漢制，家具藝術除承襲宋代原有形式外，只有山西文水元墓壁畫上的抽屜桌是新出現的品種。

家具藝術發展到明代，已發展為高度科學性、藝術性以及實用性相結合的優秀生活用具，不但為國人所珍視，在世界家具體系中也獨樹一幟，享有盛名，被譽為東方藝術的一顆明珠。它是在當時生產、經濟發展的歷史條件下，經過匠師們總結和綜合歷代經驗和智慧，加以發明創造而形成的代表民族文化傳統的『明式家具』。

『明式家具』作為一項藝術成就，它的形成和發展是與當時社會環境和歷史背景分不開的。首先，宋代家具事業的繁榮為明式家具的形成奠定了基礎。宋代是家具空前繁榮時期，就目前所見資料及出土文物看，品種齊全、形式多樣，不僅後世種類都已具備，同時還殘留着前代憑几、懶架等品種。這類低型家具到明代已基本被淘汰。宋代黃伯思還發明了燕几（即宴几）並著《燕几圖》一書。燕几，由七部件組成，有一定的比例規格，它的特點是多為組合陳設，根據需要，可多可少，可大可小，可長可方，可單設可拼合，運用自如。書中介紹燕几說：『其几大小凡七，長短廣狹不齊，設之必一方。或二或三、或四或五、或六七，佈置皆如法。居士謂視夫賓客多寡，杯盤豐約，以為廣狹之則。為二十體，變四十名。又增廣七十有六，燕衍之餘，無施不可。斯亦智者之變也。』

宋代家具在製作上，使用了各種裝飾手法，如束腰、馬蹄、蹼足、雲頭足、蓮花托等，結構部件使用了夾頭榫牙板、牙頭、羅鍋棖、矮佬、霸王棖、托泥等部件。山西洪洞廣勝寺水神廟宋元壁畫《賣魚圖》中的方桌，使用了兩層鍋棖，從畫面描繪的桌腿看，整個桌腿做出四、五道葫蘆坯子，這種造型，説明我國至遲在宋元時期已開始用鏇具加工家具部件了。宋代還有了專用的琴桌。宋徽宗的《聽琴圖》中描繪的尤為形象。桌體不大，僅容一琴，面下四面圍板，有花紋作裝飾。依畫面推測，下面應有底板及孔眼，形成音箱，使與琴聲產生共鳴，提高音色效果。

從宋代帝后像中描繪的椅子看，在宮廷內，統治階級不惜工本製造了一批高檔家具。從形象看，用料粗壯，儘管裝飾華麗，仍不能算是完美家具。但我們也不能一概而論。河北鉅鹿出土的宋代桌子、椅子，俊俏挺拔，可謂較為完美的代表作品，體現出宋代家具的藝術水準。以上這些，足以説明，沒有宋代家具事業的繁榮和發展，就不能出現完美、精湛的明式家具。明式家具正是在宋元家具藝術發展的基礎上揚長避短，去粗存精，使家具事業進入科學化的階段。

明代時，總結各種工藝技術經驗的專門書籍也多了起來。明代黃成所著《髹飾錄》一書，全面論述了漆工的歷史、工藝、分類和特點等。這些工藝在明代漆家具上都有所體現。是一部研究漆工史的重要著作，至今仍有重要的研究和借鑒價值。

木製家具方面的專著，當首推明代北宋提督工部御匠司司正牛榮彙編的《魯班經》。書中分建築和家具兩部分。其中家具部分對家具作了詳盡的分類。如：椅凳類、桌案類、床榻類、橱櫃類、臺架類、屏座類等。每一類中又分別敍述不同形式。如床榻類中有大床、禪床、涼床、藤床等；桌案類中有一字桌、案桌、摺桌、圓桌、琴桌、棋桌、方桌等。其他如選材、卯榫結構、家具尺寸、裝飾花紋及線腳等都作了詳細的規定和記述。《魯班經》一書是建築的營造法式和家具製造的經驗總結。它的問世，對明式家具的發展和風格的形成起了重大的推動作用。其他還有明代文震亨編著的《長物志》，對各類家具一一作了具體分析和研究，對家具的用材、製作、式樣分別給予優劣、雅俗的評價。高濂的《遵生八箋》還把家具製作與養生學結合起來，提出獨到的見解。這些書籍的出現，豐富了家具製作理論，對指導家具設計、製作和生產都起到一定的推動作用。

明代初期，由於海上交通的發展，給海外貿易的發展創造了有利條件。經過鄭和七次出使西洋進行貿易活動，密切了中國與南洋、南亞、西洋各國的關係。各國亦相繼派使臣赴中國朝貢（勘合貿易），所帶貨物中偶有少量的珍貴木材。這些情況，在明代黃省曾《西洋朝貢典錄》、張燮《東西洋考》和現代陳壽彭《南洋與南洋群島志略》等書中，均有詳細記載。尤其是在明萬曆朝以後，國家開放海禁，私人可以出洋，東南亞的高檔木材才得以大批進入中國市場。這些產於熱帶的木材具有質地堅硬、強度高、色澤和紋理優美的特點，因而在製作家具時可採用較小的構件斷面，製作精密的榫卯，並進行細緻的雕飾與線腳加工。在這個物質前題下，再加上當時手工藝的進步，使得明式家具在造型藝術上有了不少新創造。

明代前期，由於農業和手工業的高度發達，商業經濟的繁榮，使得城市建設也得到很大發展。官府和官僚地主、富商大賈競相建造豪華的府第和園林、住宅，以滿足他們的生活需要。這些園林、住宅，規模宏大，裝修精麗，有的甚至多達千餘間。使得明朝政府不得不制定嚴格的住宅等級制度加以限制。儘管如此，仍有不少達官、富商和大地主不遵守政府規定，為了滿足他們物質和精神上的享受，為顯示各自的富有，役使大批奴僕，加上賓客來往之多，都需要有大量的房屋和活動場所，需要有不同用途的使用建築和觀賞建築。同時根據不同使用要求配備大批與之相適應的家具。這些家具的類型和樣式除滿足生活起居需要之外，也和建築有了更緊密的聯繫。在廳堂、臥室、書齋中，都有几種特定的家具陳設。出現了成堂配套的組合家具概念。還常常在建造房屋時，就根據建築物的進深，開間和使用要求，設計家具的種類、式樣、尺度等配套設施。而住宅和園林的發展，也必然對家具事業的發展起到相應的促進作用。

明式家具是我國明代匠師們總結前人經驗和智慧，並加以發明創造，在傳統藝術方面取得的一項輝煌成就。它除了在結構上使用了複雜的榫卯外，造型藝術也達到了很高的成就。這突出表現為家具的比例、尺度與人體形態和環境的關係，以達到充分滿足人們的生活需要。因而它是一種集藝術性、科學性、實用性於一身的傳統藝術品。

明式家具的風格特點主要表現在以下几個方面：

造型穩重大方，比例尺寸合度，輪廓簡練舒展。

結構科學，榫卯精密，牢固堅實。

精於選料配料，重視木材本身的自然紋理和色彩。

雕刻及線腳裝飾柔和剛勁。

金屬飾件式樣玲瓏，色澤柔和，起到很好的裝飾作用。

明式家具的造型及各部比例尺寸基本與人體各部的結構特徵相適應。如：椅凳座面高度在四十至五十釐米之間，大體與人的小腿高度相符合。大型坐具，因形體比例關係，座面較高，但必須有腳踏配合，人坐在上面，雙腳踏在腳凳上，桌面高度基本依人的胸部齊平。雙手可以自然地平鋪於桌面，或讀書寫字，或揮筆作畫，兩端桌腿之間，必須留有一定空間，桌牙也要控制在一定高度，以便人腿向裏伸屈，使身體貼近桌面。椅背大多依人的脊背的自然特點設計成『Ｓ』形曲線，且與座面保持一百至一百零五度的背傾角。座面多用藤席。由於藤席富有彈性，在承受壓力時自然下垂，形成三至五度的傾角。這正是人體保持放鬆姿態的自然角度。其他如座寬、座深、扶手的高低及長短等，都與人體各部的比例相適合，有着嚴格的尺寸要求。

明式家具造型的突出特點是側腳收分明顯。在視覺上給人以穩重感。一件長條凳，四條腿各向四角的方向叉出。從正面看，形如飛奔的馬，俗稱『跑馬叉』。從側面看，兩腿也向外叉出，形如人騎馬時兩腿叉開的樣子，俗稱『騎馬叉』。每條腿無論從正面還是側面都向外叉出，又統稱四劈八叉。這種情況在圓材家具中尤為突出。方材家具，也都有這些特點，但叉度略小，有的憑眼力可辨，有的則不明顯，要用尺子量一下才能分辨。

明式家具輪廓簡練舒展，是指其構件簡單，每一個構件都功能明確。分析起來都有一定意義，沒有多餘的造作之舉。簡練、舒展的格調，收到了樸素、文雅的藝術效果。

明式家具的又一特點是材質優良。它多數用花黎、紫檀、鐵力、雞翅、櫸、楠木等珍貴木材製成。這些木材硬度高，木性穩定，可以加工出較小的構件，並做出精密的榫卯，做出的成器，都異常堅實牢固。

明代匠師們還十分注意家具的色彩效果，一般不施加雕刻。在製作家具時，精心選料配料。儘量把木質、紋理整齊美麗的部位用在表面或正面明顯位置。不經過深思熟慮，決不輕易下手。因此，優美的造型和木材本身獨具的天然紋理和色澤，給明式家具增添了無窮的藝術魅力。

明式家具分兩種藝術風格，簡練型和濃華型，簡練型所占比重較大。無論哪種形式，都要施以適當的雕刻裝飾。簡練型家具以線腳裝飾為主。如：把腿設計成弧形，俗稱『弧腿膨牙』、『三彎腿』、『仙鶴腿』、『螞蚱腿』等等。各種造型有的像方瓶，有的像花尊，有的像花鼓，有的像官帽。在各部構件的棱角或表面上，常裝飾各種花樣的線條，如：腿面略呈弧形的稱『素混面』，腿面一側起線的稱『混面單邊線』。兩側起線，中間呈弧形的稱『混面雙邊線』。腿面凹進呈弧形的稱『打窪』。還有一種仿竹藤做法的裝飾手法，是把腿的表面做出兩個或兩個以上的圓形體，好像把几根圓木拼在一起，故稱『劈料』。通常以四劈料作法較多，因其形似芝麻的秸稈，又稱『芝麻梗』。線腳的作用不僅增添了器身的美感，同時把鋒利的棱角處理得圓潤、柔和，收到渾然天成的效果。

濃華型家具與簡練型不同，它們大多都有精美繁縟的雕刻花紋或用小構件攢接成大面積的欞門和圍子等，屬於裝飾性較強的類型。濃華的效果是雕刻雖多，但作工極精，攢接雖繁，但極富規律性，整體效果氣韻生動，給人以豪華艷麗的富貴氣象，却沒有絲毫繁瑣的感覺。

明式家具常用金屬作輔助構件，以增強使用功能和保護功能。由於這些金屬飾件大都有着各自的藝術造型，因而又是一種獨特的裝飾手法。不僅對家具起到進一步的加固作用，同時也為家具增色生輝。

明式家具上的金屬飾件，早期多用白銅製成，晚期多用黄銅，入清則多用紅銅鍍金。這些光彩奪目的金屬飾件裝飾在花黎、紫檀、雞翅木等色調柔和，木質紋理優美的家具上，形成不同色彩和不同質感的強烈對比。可見，明代匠師們在處理結構與裝飾、裝飾與實用的關係上，藝術手法和藝術理論都是相當成熟的。

故宫博物院藏明代家具品種，在國內外公私收藏中是最多的一家。就明式家具而言，皇宫舊藏數量極少，多數為新中國成立後陸續從民間收集而來。本卷收集的明式家具，包括清代康熙朝以前所製的家具，按家具界公認的提法，康熙朝以前的家具仍保留着明式家具的風格特點。進入清雍正時期，一改明式家具樸素、大方的傳統，而代之以繁縟奢華的風格特點。故而一般把明式和清式家具的界限劃在康熙晚年。

明代家具品種大體分為床榻、椅凳、桌案、橱櫃、屏風、臺架幾大類。

床榻

床榻分架子床和羅漢床兩種。架子床分兩式，一種在床面四角立柱，上面裝頂架。左右及後面裝床圍子。也有在正面多裝兩根立柱，另裝門圍子與角柱相連。正中留出上床的門戶。明代架子床床圍多用小木作榫攢成各式几何紋欞子板。有的在正面作出橢圓形月洞門。

架子床中還有一種稱為『撥步床』的，其造型奇特，好像在架子床的下面加上一個平臺。平臺前沿長過床沿二三尺，平臺四角立柱，與架子床融為一體，四邊裝木製欄杆，床前形成一個廊子。在這個小廊子當中，有的在兩側及正面安上門窗，裏面陳放小型桌凳。冬季寒冷，可放炭盆及馬桶等。夏季炎熱，卸去門窗即可掛床帳。這種床多在南方使用，近年在蘇州、上海等地明代墓葬中多有出土，故宫博物院無此品種。

羅漢床，又名『彌勒榻』，是由漢代的榻逐漸演變而來的。榻，本來指專門的坐具。經過唐五代及宋元的發展，形體逐漸加大，明代普遍在左右及後面裝上圍欄。以黃色的色調，優美的木紋，素雅的造型，體現出明代高超的藝術匠心和神韻。明時羅漢床通常設在廳堂用以待客，使用時正中放一炕桌，上陳茗瓶茶具。主客各坐一邊，作用相當於現代的沙發和茶几。較大的羅漢床，既可供坐，又可供臥。一般來説，放在臥室供臥的稱床，放在廳堂待客的則應稱為榻，是一種十分講究的家具。

椅凳

明代椅子的形制很多，名稱也很多，究其形式不外以下幾種。

交椅。交椅即漢末北方傳入的胡床。形制為前後兩腿交叉，交接點作軸，上橫樑穿繩代座。座面之上安裝靠背及椅圈，遂名。

交椅在室內陳設中，等級較高，一般僅供男主人與貴客使用，婦女和下等人常坐一般圓凳，坐交椅的並不多。交椅因其折疊自如，既可以在室內使用，又可外出時攜帶。在宋、元及明代的繪畫中，常有官員或富戶外出巡遊攜帶這種椅子的描繪。

圈椅。圈椅的椅圈和交椅圈完全相同，交椅以面下特點命名，而圈椅是以面上特點命名。圈椅的座面採用普通方凳形式，在室內陳設中位置相對穩定。明代多把圈椅稱為『太師椅』，是居室中等級較高的家具。

官帽椅。官帽椅是依其造型酷似古代官員的帽子而得名。又分南官帽椅和四出頭式官帽椅。南官帽椅的造型特點是在椅背立柱與搭腦的銜接處做出軟圓角。做法是將立柱作榫頭，搭腦兩端的接合面作榫窩，俗稱『挖煙袋鍋』，將搭腦橫壓在立柱上。椅面兩側的扶手也採用相同做法。正中靠背板用厚材開出『S』形，它是依據人體脊椎的自然曲線設計而成的。這種椅型在南方使用較多。常見多為花黎木製，且大多用圓材，給人以圓渾、優美的感覺。

四出頭式官帽椅，是椅背搭腦和扶手的拐角處不是做成軟圓角，而是搭腦和扶手在通過立柱後，繼續向前探出。盡端微向外撇，並磨成光潤的圓頭。除此之外，其他均與南官帽椅相同。

玫瑰式椅。玫瑰椅實際上是南官帽椅的一種，它的椅背很低，與扶手高度相差無几。在室內臨窗陳設，椅背不高過窗臺，配合桌案使用又不高過桌沿。由於這些與眾不同的特點，使不十分實用的玫瑰椅备受人們喜愛，並廣為流行。玫瑰椅的名稱在北京匠師們的口語中流行較廣，南方無此名，而稱這種椅子為『文椅』。玫瑰椅或文椅，目前還未見史書記載，只有《魯班經》一書中有『瑰子式椅』的條目，但是否指玫瑰椅，還不能確定。

靠背椅。靠背椅是指光有後背而沒有扶手椅子。有一統碑式和燈掛式兩種。一統碑式的椅背搭腦與南官帽椅相同。燈掛式椅的靠背與四出頭式相同，因其橫樑長出兩側立柱，又微向上翹，猶如挑燈的燈杆，故名『燈掛椅』。這種椅型較官帽椅略小，特點是輕巧靈活，使用方便。

杌凳和繡墩。杌凳和繡墩都是不帶靠背的坐具。明式杌凳大體可分為方、長方和圓形几種。杌和凳是同一器物，沒有截然不同的定義。

杌凳又分有束腰和無束腰兩種形式。有束腰的都用方材，很少用圓材。而無束腰杌凳用方材、圓材的都有。有束腰者可用曲腿，如弧腿膨牙方凳，而無束腰者都用直腿。有束腰者足端都作出內翻或外翻馬蹄兒，而無束腰者腿足無論是方是圓，足端都不作任何裝飾。

長凳有長方和長條兩種，有的長方凳長和寬之比差距不大，一般統稱方凳。長寬之比在二比三到三比一左右，可供二人或三人同坐的多稱為『春凳』。有時還可作炕桌使用。是一種既可供坐又可以放物的兩用家具。條凳座面細長，可供二人並坐。腿足與牙板用夾頭榫結構。一張八仙桌、四面各放一長條凳，是城市鋪店、茶館中常見的使用模式。

明代圓凳造型敦實凝重，三足、四足、五足、六足均有，以帶束腰的占多數。三腿者大多無束腰，四腿以上多數有束腰。圓凳與方凳的不同之處在於方凳因受角的限制，面下都用四足。而圓凳不受角限制，最少三足，最多可達八足。

繡墩也是一種無靠背坐具。它的特點是面下不用腿足，而採用攢鼓的做法，形成兩端小、中間大的腰鼓形。上下兩邊各雕弦紋一道和象徵固定鼓皮的乳釘。為便於提攜，在中間開出四個海棠式魚門洞。因其造型似鼓，亦名『花鼓墩』。

繡墩除木製外，還有草編、竹藤編和彩漆、雕漆、彩瓷等。陳設於廳堂，絢麗多彩。

桌案（附几）

桌子大體可分為有束腰和無束腰兩種。有束腰家具是在面下裝飾一道窗進面沿的線條。另有高束腰和低束腰之分。低束腰的牙板下一般還要安羅鍋棖或霸王板，否則須在足下裝托泥，起額外加固作用。高束腰家具面下裝矮佬分為數格，四角露出四腿的上節，與矮佬融為一體。矮佬間裝絛環板，下裝托腮。絛環板板心浮雕各種圖案或鏤空花紋。高束腰不僅是一種裝飾手法，更重要的是拉大了牙板與桌面的距離，有效地固定了四足。因而牙板下不必再有過多的輔助構件。有束腰桌子無論低束腰還是高束腰，它們的四足都削出內翻或外翻馬蹄兒。有的還在腿的中部雕出雲紋翅，這已成為有束腰家具的一個基本特徵。

案的造型有別於桌子，突出表現為案的腿足不在面沿四角，而在案面兩側向裏縮進一些的位置上。案面兩端有翹頭和平頭兩種形式。兩側腿間大都鑲有雕刻各種圖案的板心或各式圈口。案足有兩種做法，一種是案足不直接接地，而是落在長條形托泥上。另一種不帶托泥，腿足直接接地並微向外撇。案腿上端開出夾頭榫或插肩榫，前後各用一塊通長的牙板把兩側案腿貫通起來，共同支撐着桌面。兩側的案腿都有明顯的叉腳。

還有一種與案稍不同的形式。其兩側腿足下不帶托泥，也無圈口及雕花檔板，而是在兩側腿間平裝橫棖兩道。這類家具，如果案面帶翹頭，人們習慣把較大的稱為案，較小的則稱為桌兒。其實，嚴格說來還應稱案，因其造型和結構上具備案的特點較多。王世襄先生經過多年研究，歸納出腿是在板面四角的屬『桌形結體』，四足不在板面四角的而在兩端縮進一些位置的稱『案形結體』。

香几，是專門用來置爐焚香的家具。一般成組或成對，佛堂中有時五個一組用於陳放五供。個別時也可單獨使用。古代書室中常置香几，用於陳設美石、花尊，或單置一爐焚香。

形制多為三彎腿，整體外觀似花瓶。

炕桌、炕案、炕几，屬低型家具，它們因多在炕上和床榻上使用，故都冠以炕字。屬於床榻類的附屬家具。通常在床榻正中放一炕桌兩邊坐人，作用相當於現代的茶几。

櫥櫃（附架格、箱）

櫥是居室中用於存放衣物的家具，其形體與桌案相仿，有案形和桌形兩種。面下裝抽屜，二屜稱連二櫥，三屜稱連三櫥，有的還在抽屜下加悶倉，上平面保持了桌案的形式，但在使用功能上較桌案發展了一步。

櫃指正面開門，內中裝屜板，可存放多件物品的家具。門上有銅飾件，可以上鎖。

櫥櫃，是將櫥和櫃兩種功能結合在一起的家具。等於在櫥的下面裝上櫃門，具有櫥、櫃、桌案三種功能。也分桌形和案形兩種。案又分平頭和翹頭兩種形式。

頂豎櫃，是明代較常見的一種形式。由底櫃和頂箱組成。一般成對陳設，又稱四件櫃。這種櫃因有時並排陳設，為避免兩櫃中間出現縫隙，因而做成方正垂直的櫃架。

圓角櫃，採用四櫃和腿足用同一根木料做成。四櫃的外角打圓。足部隨形做成圓腳，因而圓角櫃又可寫作圓腳櫃。圓角櫃的側角收分明顯。對開兩門，板心通常以紋理美觀的整塊板鑲成。兩門中間有活動立栓，配置條形面葉，北京人俗稱『麵條櫃』。這類櫃子兩門與櫃子之間不用合頁，而採用門軸做法。

書格，即存放書籍的架格。正面大多不裝門，只在每層屜板的兩端和後沿裝上弱矮的欄板，目的是把書擋齊。正面中間裝抽屜兩具，是為加強整體櫃架的牢固性，同時也增加了使用功能。

亮格櫃，是集櫃、櫥、格三種形式於一器的家具，下層對開兩門，內裝檔板分為上下兩層。櫃門之上平設抽屜兩至三板。再上為一層或兩層空格，正面和兩側裝倒掛牙子。格板前沿及兩側裝一道矮欄。下部存放什物，上部陳放几件古器，則使居室备覺生輝。

用於存貯什物的還有箱子。一般形體不大，多用於外出時攜帶，兩邊裝提環。由於搬動較多，較易損壞，為達到堅固目的，各邊及棱角拼縫處常用銅葉包裹。正面裝銅質面葉和如意雲紋拍子、扭頭等，可以上鎖。

箱類中還有一種稱『官皮箱』的，也是一種外出旅行用的存貯用具。其形體較小，打開箱蓋，內有活屜。正面對開兩門，門內設抽屜數板。櫃門上沿有仔口。關上櫃門，蓋好箱蓋，即可將四面板牆全部固定起來。兩側有提環，正面有鎖提，是明代家具中特有的品種。

屏風

明代屏風大體可分為座屏風和曲屏風兩種。座屏風又分多扇和獨扇。多扇座屏風分三、五、七、九扇不等，規律是都用單數，每扇用活榫聯接，正中鑲魚板，下部裝披水牙。兩條立柱前後有站牙抵夾，兩立柱呈口挖槽兒，將屏櫃對準凹槽插下去落在橫樑上。屏櫃便與屏座連為一體。這類屏風有大有小，大者可以擋門，小者可以擺在案頭用以裝飾居室。

曲屏風屬活動性家具。每扇之間或裝鉤鈕或裱綾絹，可以隨意折合。用時打開，不用時折合收貯起來。其特點是輕巧靈便。基於上述原因，這類屏風多用較輕質的木料作邊框。屏心用紙、絹裱糊，並彩繪或刺繡各式圖畫等，有的用大漆髹飾，上面雕刻各式圖畫，做工手法多種多樣。由於紙絹難以流傳至今，現在故宮博物院僅有漆飾屏風傳世。

臺架

此類項目較雜，無法列入前述五類的均歸這一類。包括衣架、盆架、燈臺、鏡臺、梳粧臺等。

衣架，即懸掛衣服的架子。一般設在寢室，外用少見。古人衣架與現代常用衣架不同，多取橫杆式，即兩側有立柱，下有墩子木底座，兩柱間有橫樑，中鑲中牌子，頂上有長出兩柱的橫樑，盡端圓雕龍頭。古人多穿長袍，衣服脱下後就搭在橫樑上。

盆架，分高低兩種。高面盆架是在盆架靠後的兩根柱通過盆沿向上加高，上裝橫樑及中牌子。可以在上面掛面巾。另一種是不帶巾架，幾根立柱不高出盆沿。兩種都是明代較為流行的形式。

燈臺和燈架。燈臺屬坐燈類。常見為插屏式，較窄較高，上橫櫃有孔，有立榫穿其間，立柱底部與一活動橫木相連，可以上下活動。立杆頂端有木盤，用以坐燈。為防止燈火被風吹滅，燈盤外都要有用牛皮製成的燈罩。

梳粧臺，又名鏡支。形體較小，多擺放在桌案之上。其式如小方匣，正面對開兩門，門內裝抽屜數枚，面上四面裝圍欄，前方留出豁口，後側欄板內，豎三至五扇小屏風。邊扇前攏，正中擺放銅鏡。不用時，可將銅鏡收起，小屏風也可以隨時折下放倒。它和官皮箱一樣，是明代常見的家具形式。

明代除木製家具外，還有相當數量的漆器家具，也是本書要介紹的主要品種。

我國漆工藝歷史悠久，殷商遺址中多次發現有描繪乃至雕嵌的漆器殘件。在此之前，肯定還要經歷一個較長的發展的過程。這説明，遠在原始社會末期，我們的祖先就已認識並使用漆來塗飾日用器物。既保護了器物，又收到美化裝飾效果。幾千年來，經過歷代勞動人民的發展創新，到明清時期，漆工藝術已發展到十四個門類，八十七個不同品種。這時期能工巧匠輩出，且有大批傳世實物。在明清家具的品類中，是不可忽視的一個方面。

故宮博物院收藏的漆家具有如下十個品種：

（一）單色漆家具。又稱素漆家具，即以一色漆油飾的家具。常見有黑、紅、紫、黃、綠、褐諸色，以黑漆、朱紅漆、紫漆最多。本書舉素漆一例，黑漆又名玄社、烏漆。黑色本是漆的本色，故古代有『凡漆不言色者皆黑』的説法。因此純黑色的漆器是漆工藝中最基本的品種，其他顏色皆是經過特殊調配加工而成。

製作漆家具的作法。首先以較輕質的木料做成骨架（這是因為軟木易着漆，硬木不易着漆），然後塗生漆一道，趁其未乾，糊蔴布一層，用壓子壓實，使下面生漆從蔴布孔透過來。乾後，上漆灰子，一般兩到三遍，分粗灰、細灰。每次都須打磨平整，再上所須色漆數遍。最後上道透明漆，即為成器。其他各類漆器均在素漆家具的基礎上進行。

（二）雕漆家具。是在素漆家具上反復上漆，少則八九十層，多則一二百層，每次待半乾或六七成乾時油下一層。油完後，在表面描上畫稿。以雕刻手法裝飾所需花紋，然後陰乾，使漆變硬。雕漆又名『剔漆』，有紅、黃、綠、黑幾種，以紅色最多，又名『剔紅』。

（三）描金漆家具。分黑、紅、紫三種。即在素漆家具上用半透明漆調彩漆，在漆地上描畫花紋，然後放入溫濕室，等漆乾時，在花紋上打金膠。用細棉球着最細的金粉貼在花紋上。這種做法又稱為『黑漆理描金』或『紅漆理描金』。黑色或紅色的漆地，與金色的花紋相襯托，形成絢麗華貴的氣派。

（四）罩金漆家具。是在漆家具上通體貼金，然後在金底上面罩一層透明漆。罩金漆，又名『罩金』，故宮太和殿金漆龍紋寶座即是罩金漆家具的典型實例。

（五）堆灰家具。『堆灰』又名『堆起』，是在素漆家具表面用漆灰堆成各式花紋，然後加以雕刻，再經過髹飾或描金等工藝製成。名『堆灰家具』，又稱『隱起描金』或『描漆』。其特點是花紋隆起，高低錯落，有如浮雕。故宮藏黑漆龍紋櫃即是實例。

（六）填漆戧金家具。填漆和戧金是兩種不同的漆工藝手法。填漆，即填彩漆。是先在做好的素漆地上用刀尖或針刻出低陷的花紋，然後把所需的色漆填進花紋。待乾固後，再打磨一遍，使紋地分明，花紋與漆地齊平。戧金、戧銀的做法大體與填漆相似，也是先在素漆地上用針或刀尖劃出纖細的花紋，然後在低陷的花紋內打金膠，再把金泊粘着進去，形成金色花紋。它與填漆的不同之處是花紋不是與漆地齊平，而是仍保持陰紋劃跡。

（七）刻灰家具。刻灰又名『大雕填』。一般以黑漆作地，描畫花紋。輪廓以內的漆地用刀挖去，保留花紋輪廓。刻挖的深度一般至漆灰為止，故名『刻灰』。然後在低陷的花紋內根據紋飾需要填以不同顏色的油、彩或金、銀等。特點是花紋低於輪廓平面。在感覺上，類似木刻版畫。在明代，這種工藝較為常見，傳世實物較多，小至箱匣，大至多達十二扇的圍屏。

（八）黑漆嵌螺鈿家具。螺鈿分厚螺鈿和薄螺鈿。厚螺鈿又稱硬螺鈿，其工藝是按素漆家具工序製作，在上第二道漆灰之前將螺鈿片按花紋要求磨製成形，用漆粘在灰地上，乾後再上漆灰（要一遍比一遍細），使灰面與花紋齊平。漆灰乾後略有收縮，再上大漆數道，漆乾後，還須打磨，把花紋磨顯出來，再在螺鈿片上施以必要的毛雕，以增加紋飾效果。薄螺鈿又稱軟螺鈿，是取極薄的貝殼片作鑲嵌物。常見薄螺鈿如同現今使用的新聞紙薄厚。因其薄故無大塊。加工時在素漆最後一道漆灰之上粘貼花紋，然後上漆填滿地子，再經打磨顯出花紋。在粘貼花紋時，匠師們還根據花紋要求，區分殼色，隨類賦彩，因而收到五色繽紛的效果。

（九）灑嵌金、銀、螺鈿沙家具。是在上最後一遍漆時，趁漆未乾，將金泊、銀碎末或螺鈿碎屑散在漆地上，並使其粘着牢固，乾後掃去表面浮屑，打磨平滑即成。表現出絢麗華貴的特點。

（一〇）綜合工藝。明代漆器家具除上述工藝作品外，還有綜合几種工藝於一器的代表作。典型實例如黑漆嵌螺鈿、描金、平脱銀片龍紋箱子。在明代傳世實物中，是個少有的例子。

圖版

一　黄花黎萬字架子床　明

二　黄花黎藤心羅漢床　明

三　黃花黎十字連方羅漢床　明

四　黑漆嵌螺鈿花鳥羅漢床　明

五　黑漆嵌螺鈿花鳥架子床　明

六　黃花黎獨板圍子羅漢床　明

七　黃花黎折床　明

八　黃花黎嵌玉圍子羅漢床　清早期

九　黑漆描金卷草拐子紋床　清雍正

一〇　紫漆描金山水羅漢床　清雍正

一一　紫檀席心嵌黃楊木羅漢床　清乾隆

一二　紫檀雕螭紋大羅漢床　清

一三　紫檀雕荷花羅漢床　清中期

一四　天然木羅漢床　清中期

一五　酸枝木嵌螺鈿貴妃床　清晚期

一六　黃花黎嵌癭木寶座　明

一七　紫檀緙絲寶座　清雍正

一八　紫檀嵌玉花卉寶座　清乾隆

一九　金漆雕龍寶座　清乾隆

二〇　紫檀嵌玉寶座　清乾隆

二一　紫檀雕花寶座　清中期

二二　紫檀腰圓寶座　清中期

二三　黑漆描金山水紋寶座　清中期

二四　紫檀雕山水樓閣寶座　清中期

二五　黄花黎雕螭紋圈椅　明

二六　黄花黎官帽椅　明

二七　黄花黎六方式南官帽椅　明

二八　黃花黎六螭捧壽紋玫瑰椅　明

二九　紫檀雕夔龍紋玫瑰椅　明

三〇　黄花黎方背扶手椅　明

三一　黄花黎藤心肩舆　明

三二　黄花黎藤心高背椅　明

三三　黄花黎南官帽椅　明

三四　黄花黎嵌玉扶手椅　明

三五　紫檀帶托泥藤席圈椅　清早期

三六　烏木五屏式扶手椅　清早期

三七　紫檀梳背椅　清早期

三八　黑漆嵌螺鈿席心椅　清早期

三九　黑漆嵌螺鈿藤心圈椅　清康熙

四〇　紫檀雕西洋花椅　清乾隆

四一　紫檀嵌樺木雕竹節椅　清乾隆

四二　鹿角椅　清乾隆

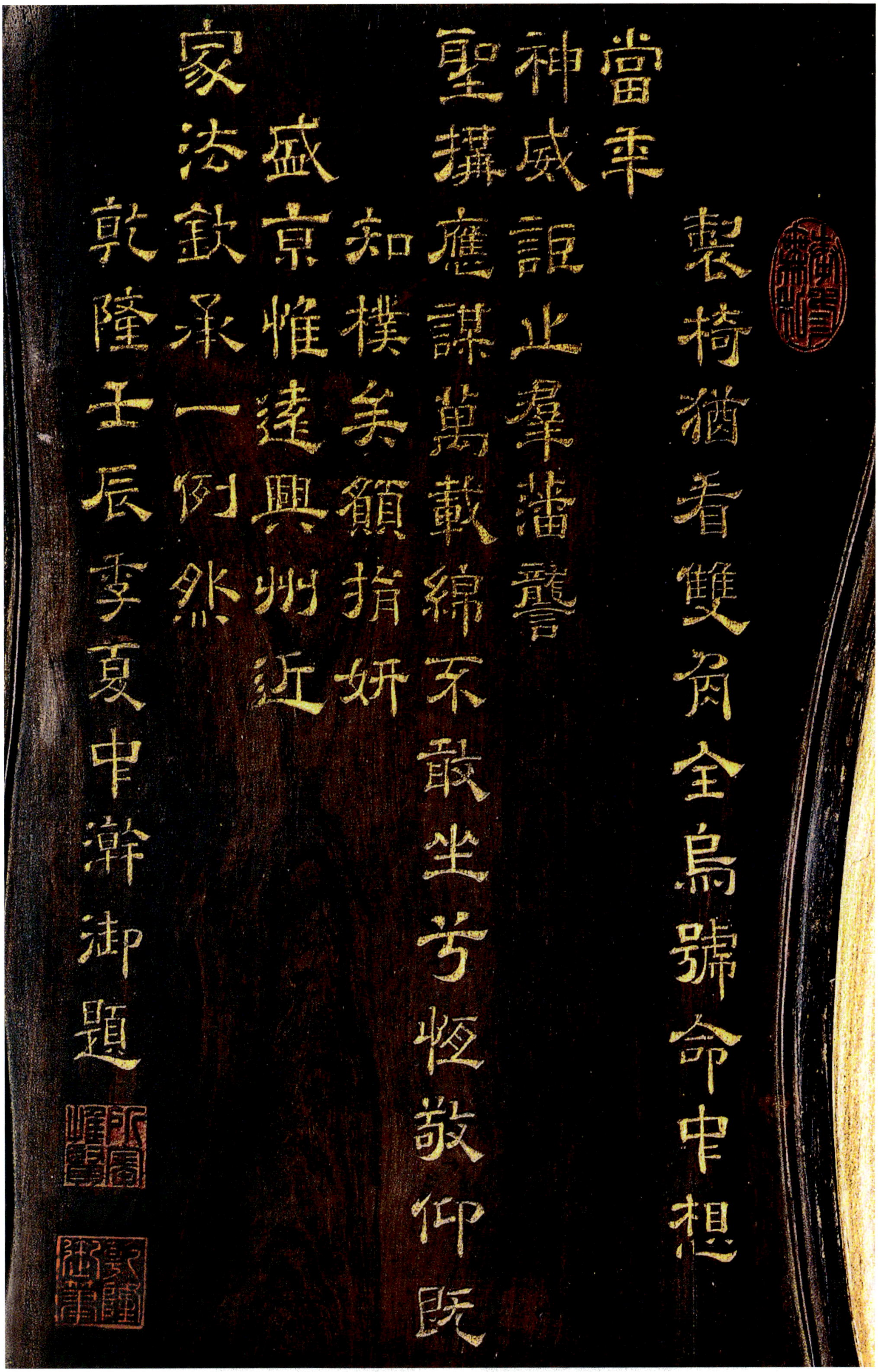
製椅猶看雙角全烏號命中想
當年
神威詎止羣藩讋
聖攝應謀萬載綿不敢坐兮恒敬仰既
知樸矣願捐妍
盛京惟遠興州近
家法欽承一例然
乾隆壬辰季夏中澣御題

四三　紫檀鑲癭木心扶手椅　清中期

四四　黄柏木扶手椅　清中期

四五　酸枝木嵌理石扶手椅　清晚期

四七　酸枝木嵌理石靠背椅　清晚期

四六　酸枝木洋式扶手椅　清晚期

四八　酸枝木鏤雕龍紋小扶手靠背椅　清晚期

四九　酸枝木嵌螺鈿扶手椅　清晚期

五〇　紫檀雙魚紋扶手椅　清

五一　金漆雕龍交椅　清

五二　紫檀嵌玉大椅　清

五三　紫檀漆心大方杌　明

五四　黄花黎藤心大方杌　明

五五　填漆戧金春凳　明

五六　紫檀梅花式小凳　清乾隆

五七　剔黑彩繪梅花式杌　清乾隆

五八　紫檀雕海棠式杌　清中期

五九　紫檀嵌珐瑯方杌　清中期

六〇　紫檀嵌珐琅繡墩　清中期

六一　紫檀四開光番草紋坐墩　清

六二　黑漆棋桌　明萬曆

六三　黃花黎方桌　明

六四　黃花黎卷草紋方桌　明

六五　填漆戧金長方桌　明

六六　鐵力抽屜桌　明

六七　填漆戧金雲龍炕桌　明

六八　黃花黎酒桌　明

六九　紫檀雕靈芝几形畫案　明末清初

七〇　紫檀一腿三牙小條桌　清早期

七一　黑漆理溝描金雲龍紋雙層面宴桌　清早期

七二　康熙款黑漆嵌螺鈿長方桌　清康熙

七三　紫檀漆面嵌琺瑯西番蓮紋長桌　清乾隆

七四　紫檀方桌　清乾隆

七五　紫檀樺木面方桌　清乾隆

七六　黑雕漆錦紋炕桌
清乾隆

七七　紫檀邊座波羅漆
圓轉桌　清乾隆

七八　黄花黎漆心長條桌　清中期

七九　紫檀雕梅花長桌　清中期

八〇　紫檀嵌竹玉長桌　清中期

八一　紅漆嵌螺鈿百壽字炕桌　清中期

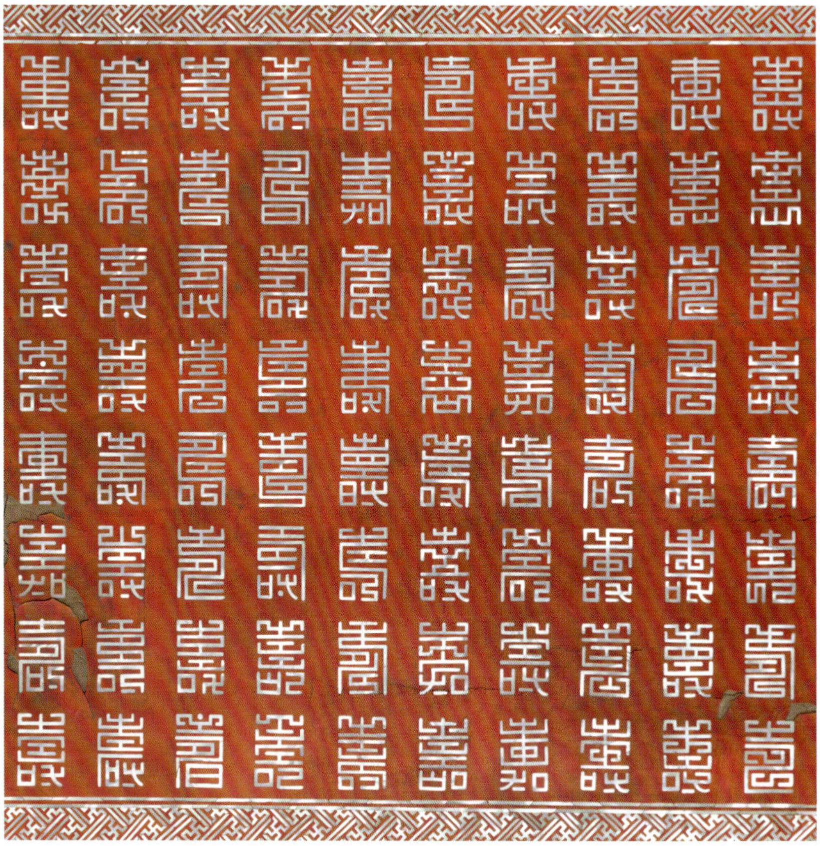

八二　天然木方桌　清中期

八三　紫檀雕花半圓桌　清中期

八四　黃花黎銅包角活足炕桌　清

八五　紫檀四面平螭紋畫桌　清

八六　彩漆禽獸紋俎　春秋

八七　彩漆卷雲紋案　戰國

八八　彩漆三角形紋俎　戰國

八九　雲紋漆案　西漢

九〇　天曆紀年木雕條案　元

九一　黑漆嵌螺鈿書案　明萬曆

大明萬曆年製

九二　鐵力翹頭案　明

九三　紫檀架几案　明

九四　黑漆嵌螺鈿書案　清康熙

九五　填漆戧金炕案　清康熙

九六　竹黄包鑲書案　清中期

九七　樺木圭形炕案　清中期

九八　紫檀炕案　清中期

九九　天然木平頭案　清中期

一〇〇　紫檀書案　清

一〇一　彩漆雲紋几　戰國

一〇二　彩漆S紋几　戰國

一〇三　黑漆嵌螺鈿香几　明宣德

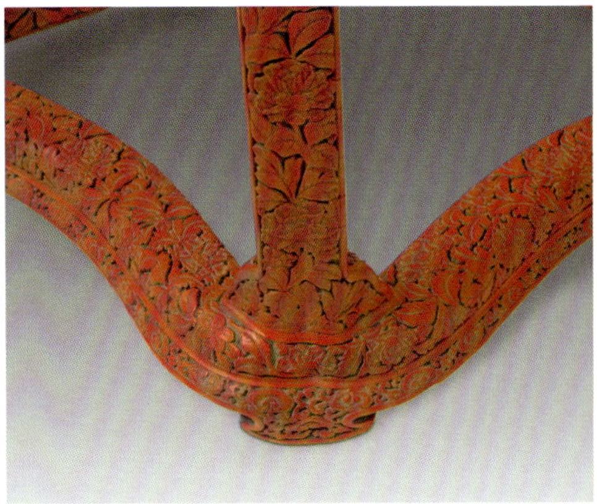

一〇四　剔紅牡丹花香几　明宣德

一〇五　紫檀裹腿棖方几　清早期

一〇六　金漆三足憑几　清早期

一〇七　紫檀一腿三牙小炕几　清早期

一〇八　填漆雲龍海棠式几　清康熙

一〇九　填漆戧金雲龍梅花式香几　清康熙

一一〇　填漆戧金雲龍香几　清康熙

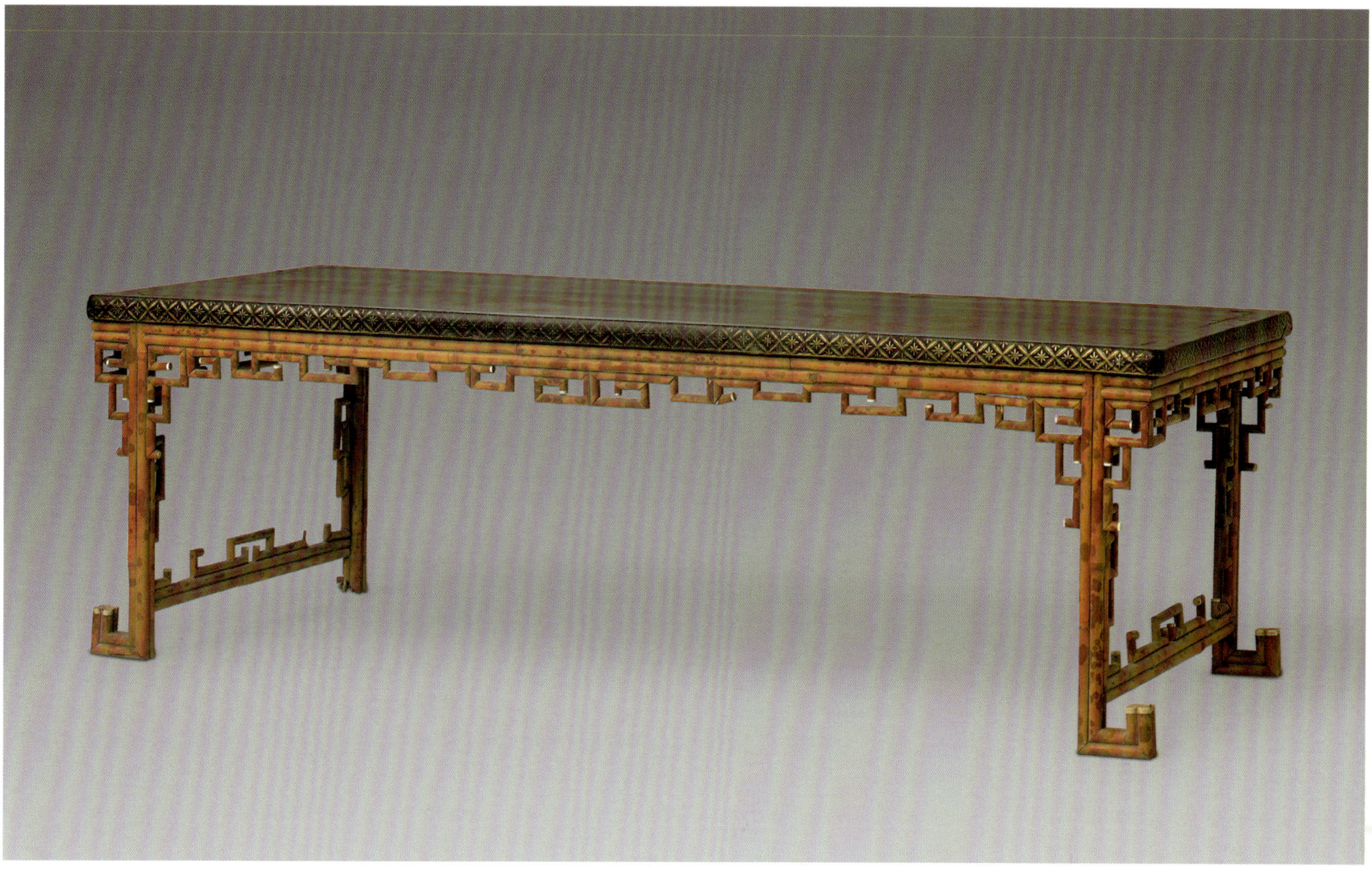

一一一　黑漆描金斑竹炕几　清雍正

一一二　紫檀繩紋拱璧方几　清中期

一一三　文竹包鑲方几　清中期

一一四　紫檀銅包角炕几　清中期

一一五　紫檀鏤雕龍紋香几　清中期

一一六　楠木嵌竹絲香几　清中期

一一七　彩漆鳥獸紋衣箱　戰國

一一八　彩漆弋射圖衣箱　戰國

一一九　彩漆二十八宿衣箱　戰國

一二〇　黑漆嵌螺鈿經箱　五代

一二一　黑漆描金龍紋藥櫃　明萬曆

一二二　黑漆嵌螺鈿描金平脱龍紋箱　明萬曆

大明萬曆年製

一二三　填漆戧金雲龍箱　明

一二四　黄花黎小箱　明

一二五　紅填漆戧金雲龍櫃　明

一二六　黄花黎聯三櫃櫥　明

一二七　填漆戧金龍戲珠紋十屜櫃　清早期

一二八　柏木冰箱　清

一二九　黃花黎百寶嵌頂豎櫃　明末清初

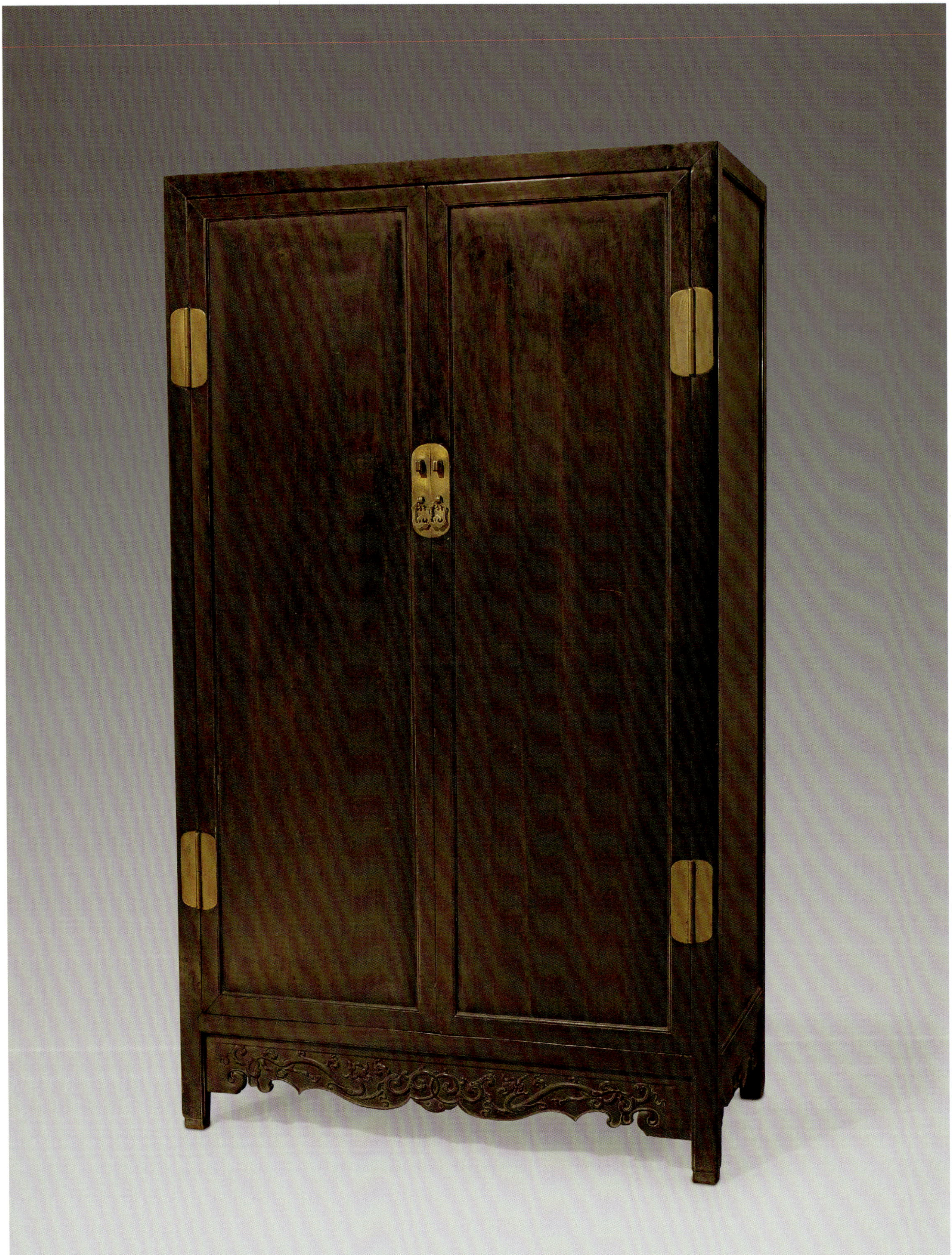

一三〇　紫檀大櫃　清

一三一　紅漆描金山水格　明

一三二　黃花黎櫃格　明

一三三　黑漆嵌薄螺鈿博古格　清早期

一三四　黃花黎櫃格　清早期

一三五　紫檀櫃門櫃格　清早期

一三六　黑漆嵌螺鈿山水花卉書格　清康熙

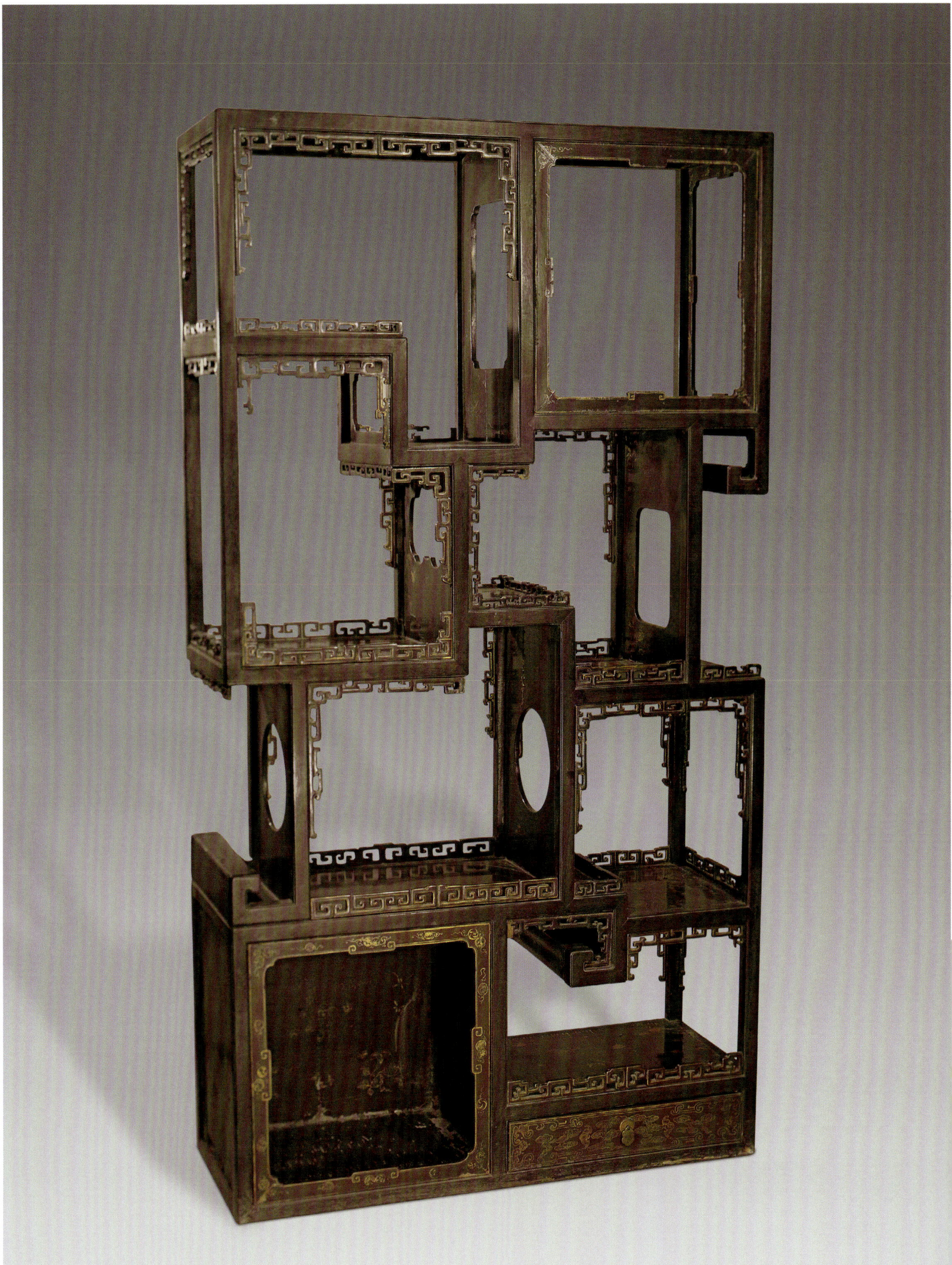

一三七　紫檀金漆描油多寶格　清

一三八　紫漆描金格　清乾隆

一三九　竹絲鑲玻璃小格　清乾隆

一四〇　紫檀漆心描金花卉多寶格　清中期

一四一　紫檀描金花卉山水圖多寶格　清中期

一四二　彩漆木雕小座屏　戰國

一四三　彩漆四龍座屏　戰國

一四四　嵌螺鈿人物仕女漆圍屏　明

一四五　紫檀邊座木靈芝大插屏　清乾隆

一四六　紫檀邊雕竹山水人物插屏　清乾隆

一四七　紫檀邊嵌玉石花卉圍屏　清乾隆

春花試閱說
宜先冒雪寒
梅喜作偏官
士英人挺攢
失祇雇呼是
地行仙

詩懷門兜
抬冗

愁芳蕤盒赤
自住像風凰
霜霞應陛下
敷依附鴛鴦
上作老庵緣
別抒懷

滏林五月塹
盐閒有艷名
蕃石具柊依
向晤梅結好
友茗同爲異
不頂猜

玉茗石榴量頍茶茂
風帆雲祥枝科覆晪
滿郷琪珺揞水怡象
敷詞共弃

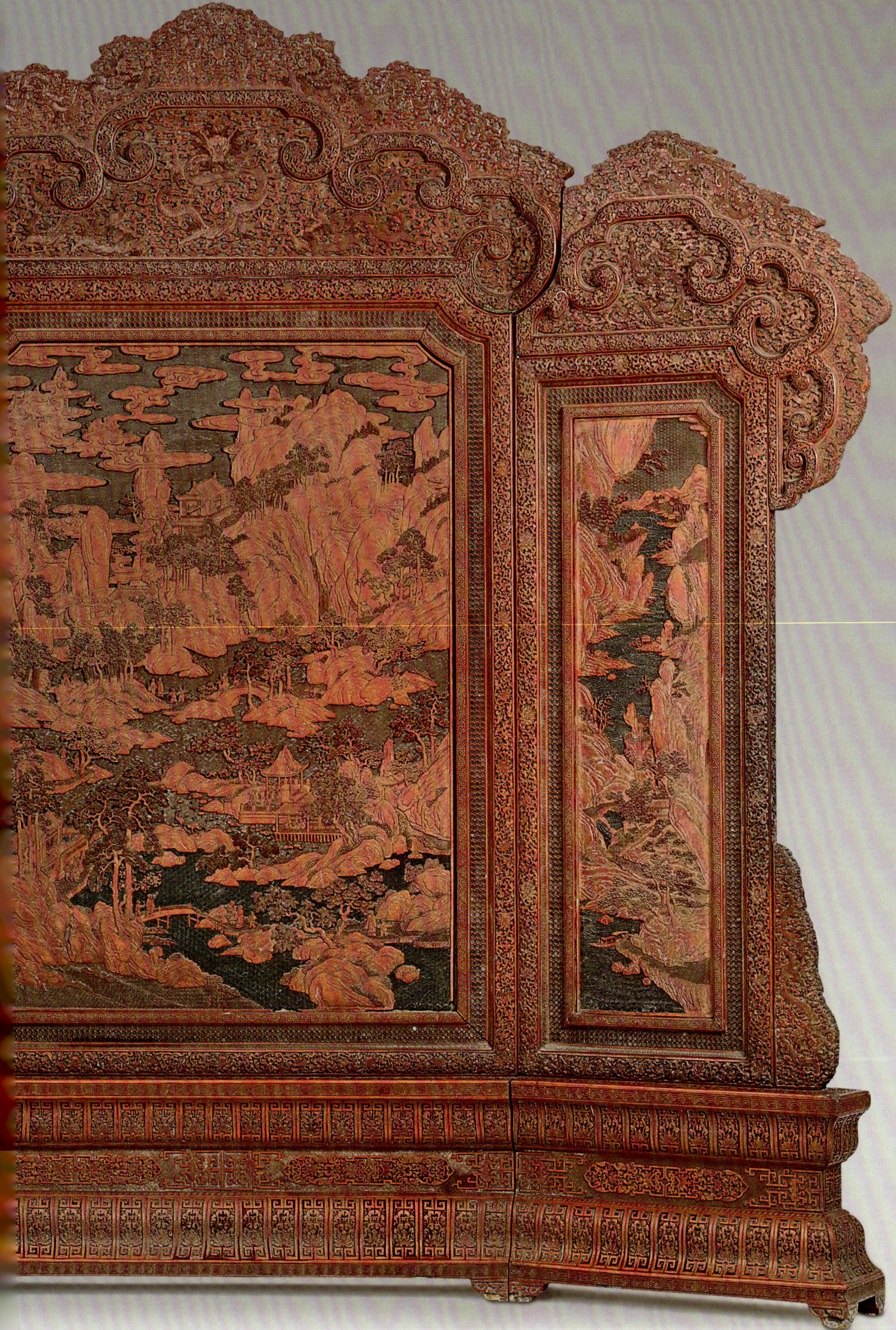

一四八　剔紅山水座屏　清乾隆

一四九　紫檀邊座嵌玉行書千字文圍屏　清乾隆

一五〇　牙雕三羊嬰戲插屏　清中期

一五一　黃花黎邊座雕雞翅木染牙樓閣座屏　清中期

 一五二　紫檀嵌黃楊木雕雲龍紋座屏　清中期

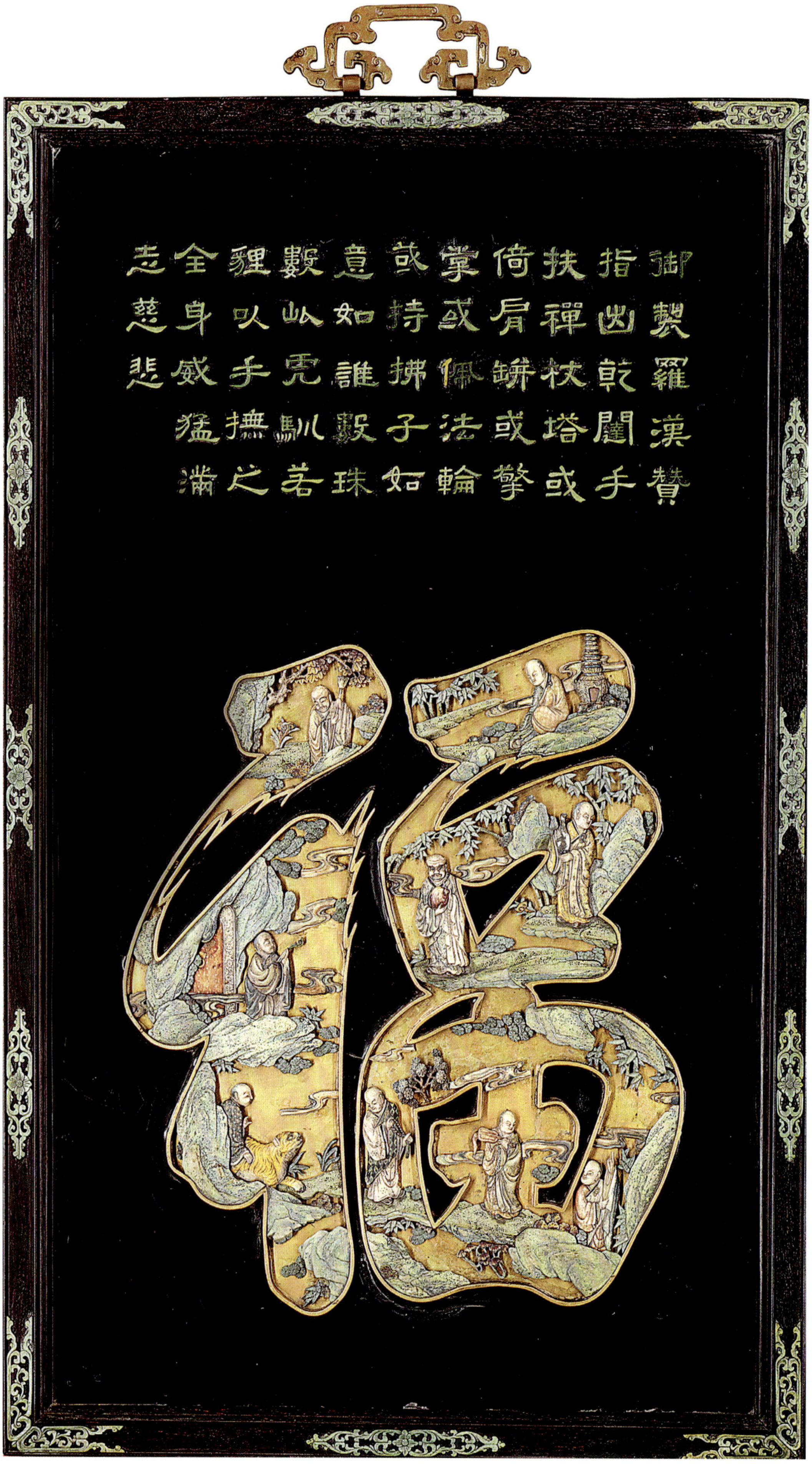

一五三　紫檀邊嵌牙仙人福壽字掛屏　清中期

御製羅漢贊
有肅奧容有
怡其面睟肛
者哈成削者
粲少者童顏
去者麗眉鉢
貯淨飯足守
毘尼明珠左
握鼓彼癡龍
應真二九像
示居中

一五四　百寶嵌百子戲圖屏　清

一五五　彩漆雲雷紋衣架　戰國

一五六　漆兵器架　漢

一五七　黃花黎鏤雕人物樹圍　明

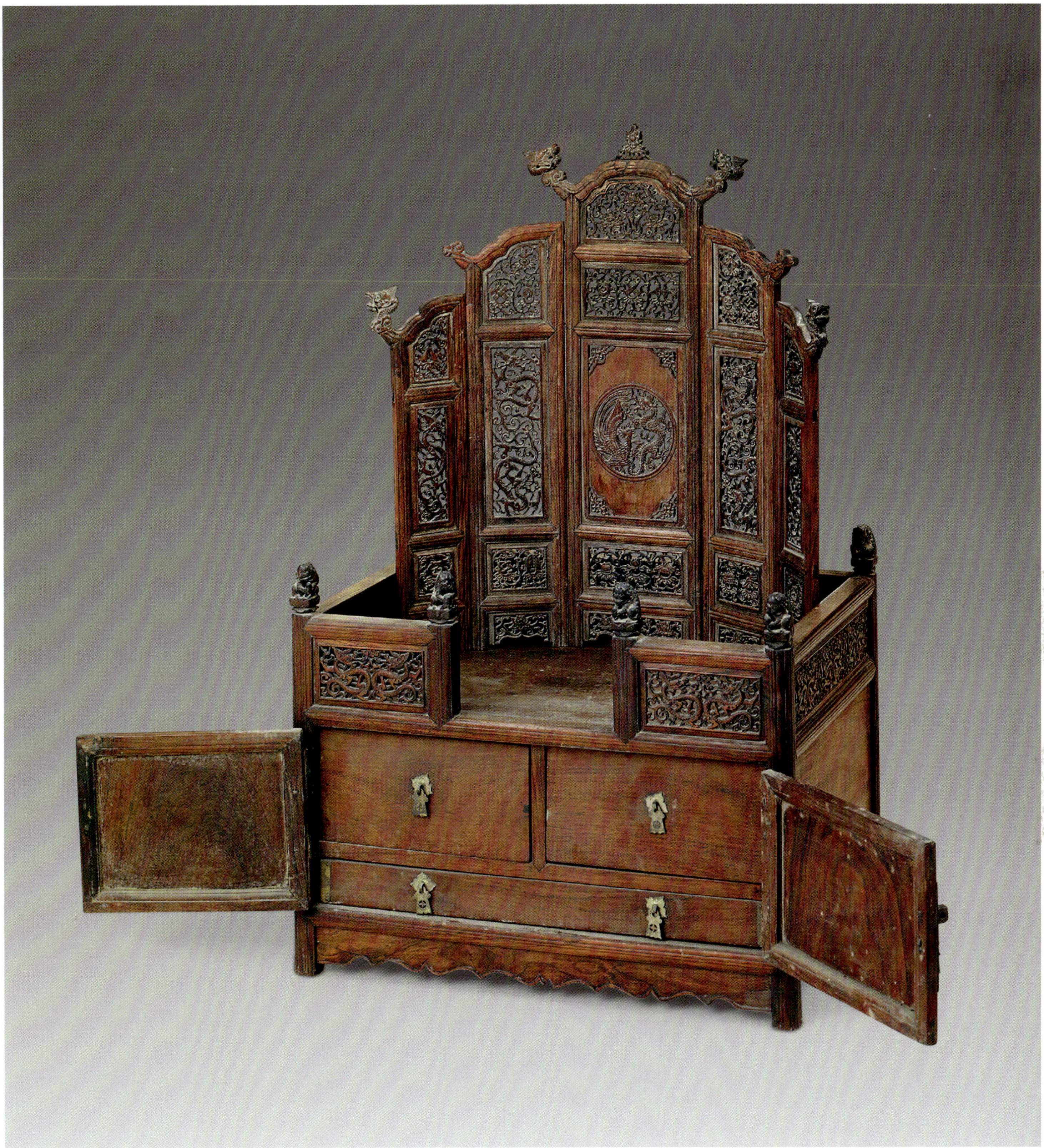

一五八　黄花黎五屏風式龍鳳紋鏡臺　明

一五九　紫檀三層書架　明

一六〇　黄花黎龍首衣架　明

一六一　酸枝木雕花面盆架　清中期

一六二　雕花木書架　清

一六三　雕花几面板　戰國

一六四　方格雲紋酒具盒　戰國

一六五　刻花鎏金鳳紋銀盒　唐

一六六　家具明器（二套）　明

一六七　木榻　金

一六八　木椅　金

一六九　木地桌　金

一七〇　木供桌　金

一七一　木茶几　金

一七二　木盆架　金

一七三　木巾架　金

一七四　木影屏　金

圖版説明

一　黃花黎萬字架子床　明

長二一八·五、寬一四七·五、高二三一釐米

故宮博物院藏

通體黃花黎木製成，床鋪面四角立柱，上安頂架。正面另安門柱，有門圍子與角柱連接，又名六柱床。左右及後面裝長圍子，均用短材攢接成整齊的『卍』字圖案。床頂四周的掛檐則由鏤空的縧環板組成。床架立柱、橫棖、『卍』字床圍內外兩面飾打窪線條，席心床面，束腰下的牙條飾壺門曲邊，並與腿足內角線交圈。三彎腿外翻雲紋馬蹄。

二　黃花黎藤心羅漢床　明

長二一八、寬一〇〇、高八八釐米

故宮博物院藏

床身通體黃花黎木製成，席心床面，束腰下裝壺門式牙條，當中浮雕卷草。拱肩三彎腿外翻雲紋足。面上三面裝床圍，圓材攢框，框內鑲壺門式圈口。造型簡練舒展，尤其是壺門圈口圍子，具有空靈韻味。為明式床榻的典型代表。

三　黃花黎十字連方羅漢床　明

長一九八·五、寬九三、高八九·五釐米

故宮博物院藏

床身通體黃花黎木製成，床圍由十字連方紋攢成。上層雙橫樑，以矮佬分為數格，中間鑲帶有棱紋開光洞的縧環板。唯兩端的縧環板未頂到頭，疑為後改。席心床屜，下襯硬板。面下帶束腰，壺門式牙條，邊沿起線並與腿子裏口邊緣交圈。拱肩三彎腿外翻雲紋足。

四　黑漆嵌螺鈿花鳥羅漢床　明

長一八二、寬七九·五、高八四·五釐米

故宮博物院藏

該羅漢床與架床為同一風格，實為一堂。羅漢床又稱『榻』，常設在客廳待客，作用相當於如今的沙發。其床身取四面平式，內翻馬蹄，床面用活屜板，左右及後面裝三塊整板圍子。床身通體黑漆地，嵌硬螺鈿花鳥。牙條及腿足嵌折枝花卉。明代此種黑漆螺鈿家具使用較廣，椅凳、桌案、箱櫃無不具備。此床係二十世紀五十年代琉璃廠古玩店自山西運回，後經故宮博物院購藏。目前存世量很少，具極高的歷史價值和藝術價值。

五　黑漆嵌螺鈿花鳥架子床　明

長二〇七、寬一一二、高二一二釐米

故宮博物院藏

該床與黑漆嵌螺鈿花鳥羅漢床同為一堂，通體黑漆地，嵌硬螺鈿花蝶圖案。床體取四面平式，牙條甚寬，腿足甚矬，且甚肥碩。馬蹄甚扁，外包銅套。四角立柱，矩形，後沿兩柱間鑲大塊背板，嵌螺鈿六瓣團花飾邊，正中嵌牡丹、蝴蝶、蜻蜓等。兩側鑲矮圍，兩面嵌牡丹、蝴蝶。床架上四面掛牙，以勾掛榫連接，上面壓頂蓋。

六　黃花黎獨板圍子羅漢床　明

長二一八·五、寬一一四、高七九釐米

故宮博物院藏

床身通體黃花黎木製成，藤編軟屜，冰盤沿下飾束腰，壼門式牙條正中透雕靈芝。鼓腿膨牙內翻馬蹄。床面之上左右及後面的三塊圍子，係用三塊黃花黎整板做成，不加雕飾，目的在於充分顯示黃花黎木的自然特點和優美的紋理。如此大的材料做出如此大件的器物，在傳世明代家具中十分罕見。

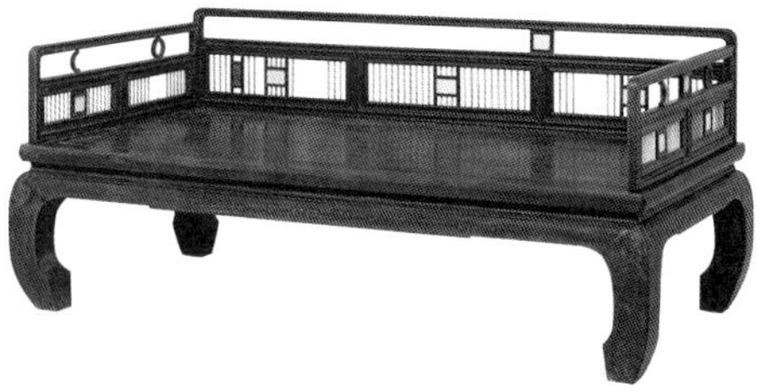

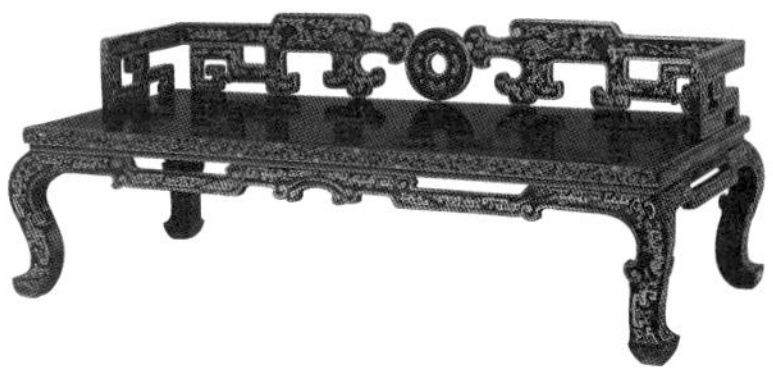

七　**黃花黎折床**　明

長二〇七、寬一〇五、高四八釐米

故宮博物院藏

床身黃花黎木製成，床面無圍，大邊分兩節，以合頁連接，可以折疊。中間兩腿做成花瓶式，並浮雕花瓶及珊瑚。上部插肩榫，展開時與牙子吻合。四角三彎腿，內翻雲紋足。四角的腿足都可以向內折疊。可左折，也可右折。四腿及牙條浮雕折枝花鳥、雙鹿、瑞草等。具濃厚明式風格。

八　**黃花黎嵌玉圍子羅漢床**　清早期

長二一〇、寬一〇五、高八八釐米

故宮博物院藏

床身通體黃花黎木製成，硬板床面，面下打窪束腰，鼓腿膨牙內翻馬蹄。面上三面圍子，裏外飾打窪線條。圍子分上下兩部分，下部以白玉圓棍鑲成豎欞，並間飾大理石方片。上部鑲大理石方片，間圓環卡子花。此器造型特點具濃厚的明式風格，惟四面牙條下稍帶堂肚及拐子紋，應為清代早期製品。

九　**黑漆描金卷草拐子紋床**　清雍正

長一八五、寬八三、高七一釐米

故宮博物院藏

通體黑漆地，三面矮床圍做成雙夔龍拱璧形狀，兩面繪拐子紋及卷草紋。床面及側沿亦有描金折枝花卉及卷草紋。面下有束腰，飾描金水波紋。拐子紋牙條，三彎式腿。描金拐子紋及卷草紋。

一〇　**紫漆描金山水羅漢床**　清雍正

長二〇五、寬一一〇·五、高八九·五釐米

故宮博物院藏

床身通體紫漆地，以泥金畫漆手法飾各類花紋。面下有束腰，窪堂肚牙板與腿相連，直腿內翻馬蹄，均飾描金卷草及雲蝠紋。面上左右後三面裝七屏式圍子，攢杠鑲心兩面裝飾花紋。邊框飾回紋，板心飾山水風景紋。此床製作工藝精堪，具深厚的繪畫功底，是清代雍正時期的藝術精品。

一一　**紫檀席心嵌黃楊木羅漢床**　清乾隆

長一九一·五、寬一〇七·五、高一〇八·五釐米

故宮博物院藏

該床紫檀木製成，藤席座面。面下打窪束腰，直牙條，正中垂窪堂肚，間飾回紋。拱肩直腿內翻馬蹄，帶托泥。面上七屏式床圍，分三段鑲黃楊木心，浮雕山水人物圖，生動地再現了我國南方水鄉的秀美景色。

一二　**紫檀雕螭紋大羅漢床**　清

床面長二二〇、寬一三〇、通高一三八釐米

承德避暑山莊藏

床圍子五屏風式，有束腰，三彎腿外翻馬蹄，落在托泥上。各扇圍子均以透雕的拐子紋作地，襯托出鏟地浮雕委角長方絛環板。鏤刻蝠磬流雲。圍子正中一扇外框湧起巨大的雲頭，兩側外框高低有起伏，與明式相比，不僅尺寸加高，從外框到細部也都大為崇飾增華。此床工良材美，是清式家具鼎盛時期的精品。原為怡親王府舊物，當是雍正年製。一九二三年經榮興祥手為蕭山朱翼盦先生購藏，今已捐獻國家，陳列在承德避暑山莊四知書屋。

（朱家溍）

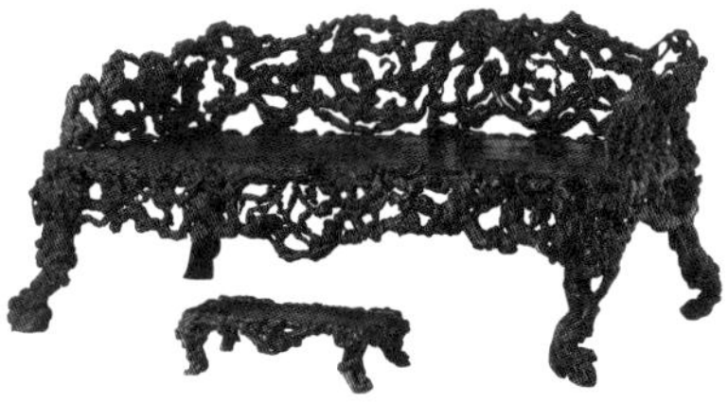

一三　紫檀雕荷花羅漢床　清中期

長二二四、寬一三二·五、高一一六·五釐米

故宮博物院藏

床身紫檀木製成，席心床面，面下有束腰，鼓腿膨牙內翻馬蹄。床牙下中及兩側飾窪堂肚，並透雕間鏤雕荷蓮紋。床上裝九屏式床圍，以透雕兩面作手法飾荷蓮紋。當中配相同作工、相同紋飾的鼓腿膨牙炕桌一件。此器材質珍貴，工藝精湛，圖案生動活潑。體現了清代中期高超的藝術水準。

一四　天然木羅漢床　清中期

長二一七、寬一三五·五、高一一四釐米

故宮博物院藏

用天然生成的古藤或樹根，以各種形態巧妙拼接，可製成各式家具。這件天然木床以硬板作面，腿足及牙子全用天然樹根製成。床圍三段拼接，與床邊活榫相連。床上另設天然木炕桌，前設腳踏。這類家具在宮廷及王府的花園中使用較多，存世量很少，具有重要的歷史及藝術價值。

一五　酸枝木嵌螺鈿貴妃床　清晚期

長一八五·五、寬六〇·五、高一〇六·五釐米

廣東省博物館藏

酸枝木製成，造型取四面平式，面下長牙條，邊緣作出曲邊，當中飾五組開光，透雕盆景花卉並以螺鈿鑲嵌花朵。開光之外以螺鈿滿嵌折枝花卉。前腿正面及牙頭嵌折枝花卉，與牙條花紋相連。面上三屏式後背，正中開光，浮雕梅竹紋，開光外嵌螺鈿三星圖及各式花鳥。扶手甚低，靠裏的一面滿嵌螺鈿花紋，顯得富麗豪華。此種螺鈿長椅藝術水準較高，在清代晚期至民國時期流行較廣，係典型的清末民國風格。

一六　黃花黎嵌癭木寶座　明

長一〇七、寬七三、高一〇二釐米

承德避暑山莊藏

寶座圍子後背三扇，左右扶手各一扇，乃五屏風式。後背正中一扇，上有卷書式搭腦，下有卷草紋亮腳，左右各扇高度向外遞減，係用厚材攢框、打雙槽裏外兩面裝板做成，再用『走馬銷』將各扇聯結在一起。中間三扇只正面嵌花紋，扶手兩扇則兩面嵌花紋。花紋用楠木癭子嵌成，共四式，均從如意頭雲紋變出，故有其一致性。寶座下部以厚重大材做大邊、抹頭及腿足，寬度達十釐米，嵌法與上相同，花紋仿青銅器。座面原有的黃絲絨編成菱紋軟屜，保存完好，色澤猶新，至為難得。此器傳為盤山行宮靜寄山莊中物，散出年代當在清晚期。是蕭山朱氏捐獻給承德避暑山莊的珍貴家具之一。

（王世襄）

一七　紫檀緙絲寶座　清雍正

長一二一、寬八九·五、通高七〇釐米

故宮博物院藏

寶座紫檀木製成，面下不用四足，而在四角各立一瓶式柱，立柱間鑲透雕螭紋花板。座面高度僅有一八·五釐米。色彩豔麗，形制獨特。面上七屏式靠背扶手，當中裝裱彩色雲龍紋緙絲心。正中為正龍捧壽，其餘為行龍。據清代內務府檔案記載：『雍正四年五月十二日，太監王安傳旨，着做船上用的矮寶座一張，欽此。』此寶座座面較低，不同於常式，估計為船上所用。從龍紋和雲紋風格與其他器物相比較，為清代雍正時製品。

一八　紫檀嵌玉花卉寶座　清乾隆

橫一一〇、縱八三、高一〇八釐米

故宮博物院藏

寶座紫檀木製成，席心座面，鏤空炮仗洞束腰，下承托腮。鼓腿膨牙內翻馬蹄，足下帶須彌式底座。牙板正中大垂窪堂肚。面上裝五屏式座圍，正中搭腦後卷，框內鑲板以漆工藝做法鑲心，再以周制鑲嵌法嵌山石、花卉。表現出富麗堂皇的藝術效果。

一九　金漆雕龍寶座　清乾隆

長一五五、寬九六．三、座高六六．三、通高一七五．五釐米

故宮博物院藏

寶座楠木製成，座面四面側沿浮雕蝙蝠間斜萬字錦紋地，雲龍紋上下托腮。中間為卷草紋束腰。下托腮的下部亦雕出蝙蝠間斜萬字錦紋地，與座面相呼應。牙條四邊垂直，浮雕雲紋及獸面紋。四角拱肩處雕獸頭，三彎式腿，外翻龍爪抓珠。足下帶須彌式托座，紋飾與面下束腰做法相同。座上為椅圈，共有九條金龍盤繞在六個金漆立柱上。椅背正中攢框鑲心，正中圓形開光，浮雕蝙蝠及圓壽字。四角飾夔龍紋角花。靠背外側下角飾透雕支紋坐角牙。上方飾透雕如意紋，當中盤正龍一，昂首張口，兩側各有翻轉迴旋的九條金龍盤繞在六根金漆立柱上。座前有腳踏，長一一二、寬三二、高一六釐米。拱肩，曲腿，外翻馬蹄。整套寶座通體貼金罩漆，這種貼金罩漆工藝，一般要貼兩到三遍金泊，才能達到預想效果。貼金工序完成後，在外面罩一層透明漆，即為成器。由於其形體高大，顯得異常雄偉莊重。原陳皇極殿，與兩側瀝粉貼金龍紋大柱交相輝映，使整個大殿都顯得金碧輝煌。也正由於它非凡的氣勢，封建統治者都把它作為皇權至高無上的象徵。

二〇　紫檀嵌玉寶座　清乾隆

座面長六六、寬四三、通高八三釐米

承德避暑山莊藏

寶座五屏風式，靠背正中嵌五個玉雕團壽字，高束腰內雕仿古銅器蕉葉紋，鼓腿膨牙，兜轉顯著，內翻馬蹄作卷書狀，下有托泥。雕飾精美而不繁瑣，靠背

扶手的花紋由平行線組成，使弧線形的靠背和扶手更為美觀。碩壯的四足增加了寶座的穩重感，如此的造型和做法傳世僅此一件。原為承德避暑山莊舊物，辛亥革命後流失在外。蕭山朱翼盦先生在北京榮興祥購得，今已『物歸原主』，捐獻給國家，陳列在承德避暑山莊。

（朱家溍）

二一　紫檀雕花寶座　清中期

長一七七、寬八〇·五、高一〇七·五釐米

故宮博物院藏

紫檀木製成，長條形，面上七屏式座圍，分三段鑲楠木心，浮雕西洋卷草紋。面下有束腰，直牙條，拱肩展腿式外翻卷草紋足。牙條與腿浮雕西洋卷草紋。足下帶托泥。雕刻工整流暢，具有很高的藝術水準。

二二　紫檀腰圓寶座　清中期

長一〇七、寬五七、通高一〇九釐米

北京頤和園藏

通體以優質紫檀木製成，座面腰圓形。正面向內凹進，面下有束腰，鼓腿膨牙，雙翻馬蹄帶托泥。面上五屏式座圍，攢框鑲心兩面雕刻。正中雕圓壽字，周圍散佈螭紋。圖案雕刻形象生動，磨工亦精細。係乾隆時期家具藝術精品。

二三　黑漆描金山水紋寶座　清中期

長一二一、寬九七、通高一一五釐米

北京頤和園藏

寶座木胎髹漆，面上五屏式座圍，正中稍高兩側遞減，頂部鏤出拐子紋與屏框融為一體，然後再以金漆勾紋理。後背扶手分五片攢框鑲心，飾描金山水風景。面下有束腰，膨牙三彎式腿外翻卷珠式足，坐落在須彌式底座上。座面冰盤沿及束腰描金連續卷草紋，牙條正中垂窪堂肚，並起地浮雕拐子紋以金漆勾邊。另在地子部分描金折枝花卉。

二四　紫檀雕山水樓閣寶座　清中期

長一〇〇、寬七四、通高一一五釐米

北京頤和園藏

紫檀木製成，三屏式座圍，邊框浮雕西洋巴羅克紋飾，框內鑲杏木板，浮雕山水樓閣及人物圖。座面正前方凹進，面下有束腰，正中鑲西番蓮紋卡子花，平雕斜方格錦紋地，表面嵌木雕蝙蝠紋及夔龍紋。膨牙三彎式腿外翻卷草紋足。牙條與腿浮雕西番蓮紋。足下帶托泥。此寶座運用紫檀與杏木不同色彩的反差，使家具顯得異常美觀，加之做工精細，反映了清代中期高超的藝術水準。

二五　黃花黎雕螭紋圈椅　明

長六三、寬四五、高一〇三釐米

故宮博物院藏

弧形椅圈，自搭腦伸向兩側，通過後邊柱又順勢而下，使扶手間飾流雲背板稍向後彎曲，形成背傾角，頗具舒適感。整塊背板以起地浮雕法飾雙螭紋。四角立柱與腿一木連作。『S』形連幫棍，席心座面。面下四腿外圓內方，鑲壺門式券口牙子，浮雕卷草紋。四腿間安步步高管腳棖，有明顯的側角收分。為明式椅子的常見式樣。

二六　黃花黎官帽椅　明

長六〇、寬四六・五、高一〇九釐米

故宮博物院藏

通體黃花黎木製成，座面落堂鑲板，四腿及座面上立柱一木連做，搭腦及扶手用挖煙袋鍋的做法與立柱銜接。後邊柱微向後彎曲，搭腦亦微向後弓，形成背傾角。背板攢框鑲心並做成『S』形，上部鏤出如意雲紋，中部浮雕『壽』字紋，下部分兩節鑲梭子紋及牙頭。兩扶手下安矮欄，腿間裝壺門式券口牙子。正中浮雕卷草紋。步步高管腳棖。側腳收分明顯，造型穩重，美觀大方。

二七　黃花黎六方式南官帽椅　明

長七八、寬五五、高九六釐米

故宮博物院藏

通體黃花黎木製成，長六方形，六根腿足作成六棱形，直通椅面。搭腦及扶手不出頭，呈南官帽式。扶手下雙連幫棍，後背攢框鑲心，上部鏤出如意紋，下部雲紋亮腳。席心座面，側沿作出兩劈料，方形券口牙子，四面平管腳棖。側腳收分明顯，係典型的明式風格。

二八　黃花黎六螭捧壽紋玫瑰椅　明

高八八、長六一、寬四六釐米

故宮博物院藏

靠背鑲板透雕六螭捧壽紋，下以圓形螭紋卡子花支墊。扶手橫樑下裝壺門牙，浮雕螭紋。藤心座面，下裝券口牙子，浮雕螭紋及回紋。圓腿直足，足間步步高趕棖。

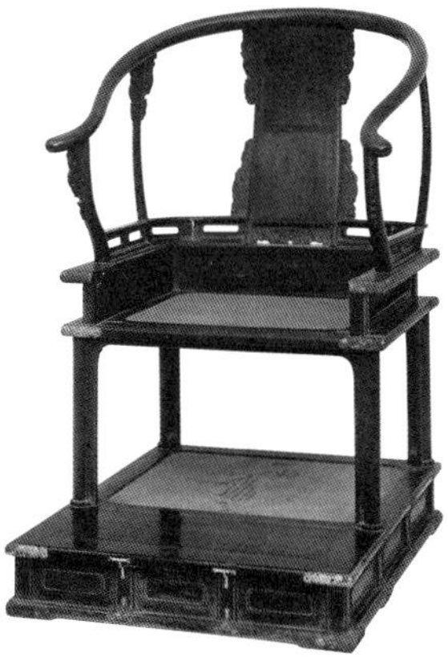

二九　紫檀雕夔龍紋玫瑰椅　明

長五九·五、寬四五·四、高九三釐米

故宮博物院藏

靠背與扶手打槽裝板，中心開光，形成四面圈口牙子，雕雙夔龍紋、回紋。藤心座面。腿間步步高趕棖，下均安羅鍋棖。據此椅登記檔案，為道德堂之物。道德堂位於西六宮之翊坤宮西配殿，為清代嬪妃居所。

三〇　黃花黎方背扶手椅　明

長六一·五、寬四七、高九二·五釐米

故宮博物院藏

通體黃花黎木製成，席心椅面，座面以上的椅柱、搭腦、扶手、連幫棍全部呈曲線形，後背板根據人體脊背的自然特點設計成『S』形。面下裝羅鍋棖加矮佬，直腿，側腳收分明顯。腿間安管腳棖。左右及正面為雙棖，後面安單棖。這種做法在明代及清初期較為普遍。

三一　黃花黎藤心肩輿　明

長六四、寬五八、高一〇七·五釐米

故宮博物院藏

肩輿即外出所乘的行具，俗稱『轎椅』或『滑杆』。輿圈弧形，前有鵝脖，後有背板。

鵝脖及連幫棍上部鑲夔紋牙條。背板兩側均鑲牙條，下鑲亮腳，浮雕夔龍紋。座圍分四段嵌裝帶有炮仗洞開孔的縧環板。高束腰處用於夾持擡杆。足端與須彌式托泥相連，在上下束腰板及托泥上下四角都鑲有銅質鍍金包角。肩輿是古時富貴人家出行時所用的交通工具。前後各一人肩扛擡杆，很適合在羊腸小路或高低不平的山區使用。存世量極少，具重要的歷史價值。

三二　黃花黎藤心高背椅　明

長五九·五、寬四七·五、高一二〇釐米

故宮博物院藏

通體黃花黎木製成，座面藤編軟屜，搭腦、扶手做出優美的曲線，盡端出頭，且圓潤柔和。此種做法即指北方流行的四出頭式官帽椅。背板作『S』形，人坐在椅子上能使後背得到充分的倚靠。面不用牙條，而用高拱羅鍋棖及矮佬支撐座面，四腿間裝管腳棖，呈步步高式。側腳收分明顯可見，具濃厚的明式風格。

三三　黃花黎南官帽椅　明

長七七、寬六三、通高一一二六釐米

北京頤和園藏

通體黃花黎木製成，席心座面，面下裝方形券口牙子，腿間步步高趕棖。面上靠背扶手的轉角處均做出軟圓角，即大眾所謂『南官帽式』。搭腦上拱，背板做出曲彎。形體寬大，氣勢非凡，在明代同類器物中屬出類拔粹之作。

三四　黃花黎嵌玉扶手椅　明

長五五、寬四七、通高九三釐米

北京頤和園藏

黃花黎木製成，席心座面，無束腰，四面裝券口牙子，步步高趕棖。面上弧形搭腦，後背攢框鑲心，上端鑲嵌方形和闐青玉片，透雕雲龍紋及山石紋。下部鏤出壺門式亮腳。後背邊框做出曲彎，是依據人體後背自然曲線設計的。兩個扶手也與眾不同，借鑒了圈椅扶手的造型，鵝脖前傾，曲線優美，堪稱精品。

三五　紫檀帶托泥藤席圈椅　清早期

長六三、寬五〇、高九九釐米

故宮博物院藏

紫檀木製成，席心座面，冰盤沿下有束腰，鼓腿膨牙內翻馬蹄，下踩框式托泥，帶龜腳。面上四角立圓柱，兩側安牙條。後背攢框鑲心，上部透雕卷草紋。兩側各裝透雕卷草紋的托角牙及坐角牙。下部為雲紋亮腳。新奇之處在於扶手外側及馬蹄內側本該挖掉的部分木材透雕一組卷草紋，與椅背上下前後相互呼應。穩重大方，美觀舒適。

三六　烏木五屏式扶手椅　清早期

長五二、寬四一、高八二.五釐米

故宮博物院藏

通體用圓材。靠背、扶手仿窗櫺燈籠錦式，共七屏，中間最高，兩面漸低，卷書式搭腦高出椅背。座面下安羅鍋棖加矮老，足端安四面平管腳棖，正面橫棖下加羅鍋棖，兩側及後面安雲形角牙。此椅造型圓潤空靈，保持明式風格。然其座圍採用攢框和活榫拼接，使後背垂直，則為由明向清過渡轉化的特徵。

三七　紫檀梳背椅　清早期

長五六、寬四五、高八九釐米

故宮博物院藏

通體用方材，靠背扶手均略帶彎曲，後背和扶手不用背板和連幫棍，而用木條做出與背板和連幫棍相同的曲彎，平行鑲在框內，形如木梳，因名『梳背椅』。座面下不用牙條而用羅鍋棖加矮佬，腿間安四面平式羅鍋棖。此做法明代未曾見過，應屬於由明向清過渡演變的風格特點。

三八　黑漆嵌螺鈿席心椅　清早期

長五七、寬四四・五、通高一〇四釐米

故宮博物院藏

通體黑漆地，背面嵌薄螺鈿加描金彩繪裝飾山水紋，四周佈以薄螺鈿錢紋錦，下端鏤空如意頭。背架和扶手描金彩繪嵌薄螺鈿折枝花蝶。席心椅面，四周描金嵌薄螺鈿開光花卉，間以嵌薄螺鈿描金花紋錦。腿描金嵌薄螺鈿折枝花卉。包銅四足，四面腿周圍鑲牙條，上部按落曲齒棖，飾描金人字紋圖案。

三九　黑漆嵌螺鈿藤心圈椅　清康熙

長六四・五、寬四八・五、通高一〇七釐米

故宮博物院藏

笏式背板，圓形椅圈及扶手，面下正面裝壺門券口，步步高趕棖，側腳收分明顯。通體黑漆地，背開光嵌螺鈿仕女圖及樹石花卉，椅圈及牙子嵌螺鈿折枝花卉，席心椅面。紅色漆裏，黑色漆背。此器雖無款識，從漆色及鑲嵌手法看，鑲嵌的螺鈿極薄，從造型看，具有標準的明式家具風格和特點。很可能此椅為明代製品，到清代康熙時期又經重新裝飾。

四〇　紫檀雕西洋花椅　清乾隆

長六六、寬五一・五、高一〇七・五釐米

故宮博物院藏

紫檀木製成，椅搭腦巴羅克式，靠背板作瓶形，上雕西洋花紋。靠背邊框及扶手亦西式，束腰上雕卷雲紋，曲邊牙條上雕西化了的玉寶珠。腿上部雕西洋花紋，三彎腿，鷹爪抓珠式足，坐在帶龜腳的托泥上。

四一　紫檀嵌樺木雕竹節椅　清乾隆

長六四、寬四九．五、高一〇七釐米

故宮博物院藏

紫檀木製成，靠背及扶手為紫檀邊框，均圓雕竹節紋。內鑲樺木心。樺木心被紫檀框分成如意和回紋狀。有束腰，束腰下牙條及椅亦浮雕竹節紋。四面平式管腳棖，浮雕竹節紋。

四二　鹿角椅　清乾隆

長九二、寬七六．五、座高五三．五、通高一三一．五釐米

故宮博物院藏

該椅除座面、靠背外，全部用天然鹿角製成，造型別致。四腿採用四支鹿角，角根部分作足，其自然形態恰好形成外翻馬蹄。前後兩面椅腿向裏的一側橫生一叉，構成支撐座面的托角棖。兩側面用另外的角叉作榫插入，形成托角棖。座面用黃花黎木製成，前沿微向內凹，外沿用牛角包嵌成兩條橫向素混面，中間嵌一道象牙細條。座面兩側及後面的邊框上裝骨雕勾卷雲紋花牙。再上即為靠背、扶手，係用一隻鹿的兩隻角做成。兩隻角的角根還連在鹿的頭蓋骨上。正中用兩隻兩端作榫的角把座面和兩隻作椅圈的鹿角連在一起。椅圈的角從搭腦處伸向兩邊，又向前順勢而下，構成扶手。椅背兩隻豎角之間鑲一塊紅木板心，以隸書體刻乾隆帝題詩：

製椅猶看雙角全，烏號命中想當年。神威詎止群藩讋，聖構應謀萬載綿。
不敢坐兮恒敬仰，既知樸矣願捐妍。盛京惟遠興州近，家法欽承一例然。
乾隆壬辰季夏中翰御題

此椅還另附腳踏一隻，長六〇、寬三〇、高一二釐米。四足用小鹿的角作成，角分二叉，主柱作支，側叉作棖。黃花黎木製成板面，外沿亦用牛角包邊。

清在入關前，以狩獵和採集為生，能騎善射，驍勇善戰。入關後，為鞏固統治地位，大肆宣揚以弓矢定天下的宏偉業績，強調『居安思危』，把騎射武功定為家法祖制，要後代矢志不忘。清統治者每年到塞外行圍打獵，寓武功騎射於圍獵、娛樂之中。把所獲鹿角製成鹿角椅，既炫耀自己謹遵祖制之功，又將其作為教育後代的教具。可見鹿角椅的製作，充滿強烈的政治色彩。

四三　紫檀鑲癭木心扶手椅　清中期

長六四、寬五一、通高一〇五釐米

北京頤和園藏

優質紫檀木製成，面下有束腰，窪堂肚牙條，直腿回紋足，帶托泥。面上裝靠背扶手，後背及扶手裏口透雕拐子紋，當中開方形圈口，鑲影木板心，浮雕猛虎下山圖。頤和園還藏有一件相同的紫檀扶手椅，僅椅背所鑲影木板心浮雕山水及玉兔紋。據此可知此椅應是十二把一堂，分別浮雕十二生肖。

四四　黃柏木扶手椅　清中期

長六四、寬五一、通高九九·五釐米

北京頤和園藏

黃柏木製成，座面落堂鑲板，前沿微向內凹，面下束腰，下襯托腮。魚肚式牙條，四腿自拱肩處向內收，至足端又向外翻出馬蹄，四腿間裝步步高趕棖。面上三面座圍，背板攢框鑲心，搭腦高出椅背，心板雕填夔龍紋及圓壽字。背板兩側及扶手以短材攢成拐子紋。

四五　酸枝木嵌理石扶手椅　清晚期

椅長六五、寬四八、高八八釐米

几長四四·五、寬三四、高八一釐米

廣東省博物館藏

椅身酸枝木製成，座面攢框鑲白色大理石心，面下有束腰，鼓腿膨牙，飾雲紋曲邊。四面平式管腳棖，正面棖下另加托腳。面上三面座圍，曲邊搭腦，分別以拐子紋及圓環式卡子花拱托方形和圓形開光，開光內嵌山水紋大理石。兩椅之間配酸枝木茶几，構成一組單元陳設。此椅造型特點在清代末期廣泛流行，存世量較大，反映了清代晚期家具的特點。

四六　酸枝木洋式扶手椅　清晚期

長七二、寬五一、高一一五釐米

廣東省博物館藏

酸枝木製成，造型風格仿西洋式，弧形座面，欞條式座心。前臉月牙形，浮雕水仙紋。前後兩側各裝曲邊腿，向兩側叉出，浮雕水仙紋。兩側腿間裝橫棖，中間鏇出葫蘆肚。面上方靠背，搭腦頂端飾透雕雙獅戲球紋，靠背四框裏外起線，當中鏟地浮雕纏枝卷草，靠背上部另鑲絲環板，浮雕靈芝及梅花紋。靠背正中鑲絲環板，起地浮雕樹石人物圖。兩側扶手圓雕鼇魚，弧形背，尾巴與後背相交。扶手下鑲西洋卷草。造型特點接受了較多的西洋風格，為清末至民國時期代表作品。

四七　酸枝木嵌理石靠背椅　清晚期

椅長五八、寬五〇、高九八釐米

几長四一、寬四一、高八〇釐米

廣東省博物館藏

酸枝木製成，面下有束腰，下襯托腮，並開出條形透孔。直牙條下大垂窪堂肚，並浮雕拐子紋。四腿展腿式，上層馬蹄回紋外翻，下層馬蹄回紋內翻。座面攢框平鑲板心，後背長方形，直豎座面後沿，框內鑲山水紋大理石心。無扶手。兩椅之間配同等做工的方茶几。造型及風格反映出廣州一帶清末民國時期的家具特點。

四八　酸枝木鏤雕龍紋小扶手靠背椅　清晚期

長六〇、寬四五、高九六釐米

廣東省博物館藏

酸枝木製成，曲邊座面，面下打窪束腰，飾鎪空海棠式開光洞。牙條與腿採取齊碰肩做法，並透雕西洋卷草紋。四腿三彎式，拱肩處圓雕西番蓮紋，與牙

條花紋融為一體。兩前腿下飾鷹爪式足，後腿方形，向後叉出較大，腿間裝工字形棖。面上靠背與橫樑浮雕葡萄紋，並有明顯的背傾角，扶手上端安透雕雙龍戲珠紋及雲紋，中部亦以透雕雙龍戲珠及雲紋為飾，下橫樑與座面之間鑲透雕卷草紋卡子花，另在座面與後靠背的拐角處，各安一隻透雕葡萄紋花牙，用以加固後背。整體造型穩重，裝飾華麗，代表了清代晚期至民國時期的風格特點。

四九　酸枝木嵌螺鈿扶手椅　清晚期

椅長六二·五、寬四七、高九六釐米

几長四五、寬三四、高八〇釐米

廣東省博物館藏

酸枝木製成，面下有束腰，牙條以平嵌手法嵌螺鈿折枝花卉。牙條下另安透雕梅花及喜鵲紋，梅花均以螺鈿鑲嵌。腿下四面平管腳棖，回紋四足。面上三面直座圍，曲邊搭腦，鑲有透雕梅花喜鵲紋的靠背板。兩扶手內鑲透雕梅花紋卡子花。搭腦及扶手的正面以螺鈿鑲嵌折枝花卉。兩椅中間配酸枝木帶屜茶几，透雕花牙及腿面的花紋以螺鈿嵌成。造型及做工反映了清末民國時期的風格特點。

五〇　紫檀雙魚紋扶手椅　清

長六二、寬四八、高五〇、通高九〇釐米

承德避暑山莊藏

扶手椅成對，乾隆年製品。有束腰，採用靠背及扶手分三扇安裝做法，不與前後足上下相連。牙條以下施直棖，兩端與攢接的拐子紋相接，中嵌扁圓形卡子花。此椅的特點是靠背板造型新穎，中間開光，浮雕雙魚紋，突起不高，而層次自多，和清代玉雕具有相同的時代風格。原為蕭山朱氏收藏，今已捐獻國家。

（朱家溍）

五一　金漆雕龍交椅　清

長五二·五、寬四一、高一一四釐米

故宮博物院藏

五棱形椅圈與扶手前部龍頭相連，整體造型猶如兩條蜿蜒的龍形。背板正面髹金漆雕『蒼龍教子』圖，背面雕五嶽真形圖，間佈雲水紋，亦以金漆為飾。道教認為此圖象徵華夏五大名山，佩帶此圖可以逢凶化吉。椅圈、背板及扶手間飾流雲，亦以金漆為飾。席心座面，面前沿兩端雕螭首，面下腿間雕夔龍紋牙子。足下承托泥，前設腳踏。

交椅在古代俗稱『胡床』，宋代又有『太師椅』之名，源於北方遊牧民族，後逐漸發展為皇帝出行的儀仗交椅。

五二　紫檀嵌玉大椅　清

長一〇九、寬八四、高一〇四釐米

故宮博物院藏

紫檀木製成，三屏式座圍，後背正中雲紋地，嵌青白玉正龍一條，周圍點綴火珠及五隻蝙蝠。背面描金雲龍紋。兩側扶手內外兩面雕雲地，鑲嵌青白玉行龍。面下有束腰，直牙條，嵌青白玉珠花及蝙蝠紋。三彎式腿，外翻雲紋足，帶托泥。座前設紫檀腳踏一隻。此椅採用紫檀木與白玉的黑白反差，使圖案異常生動形象。

五三　紫檀漆心大方杌　明

高四九·五、長六三·五、寬六三·五釐米

故宮博物院藏

座面邊抹與四足用粽角榫連結，黑漆面心。邊抹中部下垂成魚肚式。直腿內翻馬蹄，腿間施羅鍋棖。此杌造型線條流暢圓潤，盡顯材質的自然美。

五四　黃花黎藤心大方杌　明

高五一、長六七、寬六七釐米

故宮博物院藏

座面四角攢邊框，鑲藤心。腿間安雙層羅鍋棖，上層一根直抵座面。面沿、腿足、羅鍋棖均為劈料做成，係模仿竹藤類家具的自然特點，為明式家具的一種線腳裝飾方法。雖無雕刻，裝飾效果却很強。

五五　填漆戧金春凳　明

長一三四、寬四四·五、高五四釐米

故宮博物院藏

通體紅漆地，四周戧金填彩龍戲珠，邊填彩如意、朵雲圖案。腰板填彩纏枝花卉，沿板戧金填彩開光趕珠雲龍，間以方格萬字錦紋地。四腿以開光填彩昇龍圖案，腿裏部戧金填彩朵雲，黑素漆裏。造型和漆工製作手法極精。其漆色及花紋風格與明代萬曆時期具確切年款的填漆戧金器物極為接近，應屬於明晚期作品。

五六　紫檀梅花式小凳　清乾隆

面徑三四、高四六釐米

故宮博物院藏

凳為五腿梅花式，紫檀光素凳面，側圍起槽以竹絲隨形鑲嵌合匝。面下高束腰，飾打窪線條，並浮雕冰梅紋。束腰下為托腮，牙條、棖子俱隨面形做成梅花式，上下兩道棖子做成硬角羅鍋棖式，牙條、棖子、腿足的中心飾竹絲鑲嵌。色彩反差強烈，起到很好的裝飾作用。

五七　剔黑彩繪梅花式杌　清乾隆

面徑三〇、肩徑三二、通高五〇釐米

故宮博物院藏

杌梅花式，五足雙環繩紋棖。通體剔黑，面繪冰紋黃色海水錦彈頭地，白色朵梅。邊肩剔蕉葉螭紋圖案，腿足起回顧紋中線，佈以六方剔花錦紋地。萬字錦紋梅花式托泥。

五八　紫檀雕海棠式杌　清中期

長三五、寬二八、高五二.五釐米

故宮博物院藏

面為海棠花式，側沿雕兩道兩頭打結的細繩紋面下打窪束腰，上雕蕉葉紋。牙條及腿部雕雲龍紋，腿正面亦雕兩道細繩紋。卷雲形足，下承海棠式托泥，帶龜腳。

五九　紫檀嵌琺瑯方杌　清中期

長四二、寬四二、通高五二釐米

北京頤和園藏

紫檀木製成，座面攢框鑲纏枝蓮紋琺瑯面心。面下有束腰，鏤出炮仗洞，束腰與牙條之間有托腮。牙條正中垂雲紋窪堂肚，拱肩直腿雲紋足，坐落在框式托泥上。此器的藝術亮點主要體現在牙條下的花牙，花牙透雕拐子雲紋，雕刻手法嫻熟，磨工亦精細，具極高藝術水準。

六〇　紫檀嵌琺瑯繡墩　清中期

面徑三〇、高五二釐米

故宮博物院藏

紫檀木製成，上下兩端各雕弦紋兩道，最外浮雕乳釘一圈，兩弦紋間嵌紫雕卡子花六個，每花之間鑲銅胎夔龍紋掐絲琺瑯片，中間為繡墩腹腔，以六個海棠式開光拼成。開光內嵌西洋卷草紋掐絲琺瑯片。每個開光結合處上下的空洞，分別鑲有透雕蝙蝠紋。設計巧妙，突出顯示了清代家具多種材料並用，多種工藝結合的風格特點。

六一　紫檀四開光番草紋坐墩　清

面徑二八・五、高五一釐米

承德避暑山莊藏

造型瘦高，與明式大異，鼓釘變為朵雲形。上下又增絛紋及扁圓的連環紋二道，四足及牙子均浮雕翻卷的草葉。清內務府『陳設檔及則例』稱之為『番草』，這是受歐洲洛可可式的影響。乾隆年製與此風格相似的尚有花黎、紫檀桌椅，而傳世坐墩僅此一件，原為蕭山朱翼盦先生購藏，今已捐獻國家。

（朱家溍）

六二　黑漆棋桌　明萬曆

長八四、寬七三、高八四釐米

故宮博物院藏

桌面邊緣起攔水線，活榫三聯桌面，腿足合四分八。突起羅鍋棖式桌牙，正中桌面為活心板，繪黑地紅格圍棋盤。背面黃素漆地。盤側鏇圓口棋子盒兩個，均有蓋。內裝黑白棋子各一份。棋盤下有方槽，槽內左右裝抽屜兩個，內附雕玉牛牌二十四張，雕骨牌三十二張，骨骰子牛牌兩份，紙籌兩份，骰子籌一份。均帶木匣。文臺途器一份，帶木匣。錫錢兩串。通體黑漆地，從其漆色及做工看，應為明萬曆時作品。

六三　黃花黎方桌　明

面方八二、高七〇釐米

故宮博物院藏

黃花黎木製成，面下四直腿，牙條甚窄，兩端留牙頭，下裝高拱羅鍋棖與牙條相抵。桌面四角下方另裝小牙頭，形成一腿三牙，共同支撐桌面和固定四腿。四腿圓柱形，側角收分明顯，穩重大方。

六四　黃花黎卷草紋方桌　明

高八六、長九〇·五、寬九〇釐米

故宮博物院藏

通體黃花黎木製成，面下帶束腰，安直牙一條，雕卷草紋、回紋。四腿間安羅鍋棖，上端與牙條相抵，沿羅鍋棖及腿部馬蹄內緣起壓邊線。方形直腿，內翻馬蹄。

六五　填漆戧金長方桌　明

長八九、寬六四、高七一釐米

故宮博物院藏

此桌插肩榫結構，腿足與牙條齊平。桌面四邊起攔水線，面下壺門牙條，寶劍式腿，兩側腿間有雙棖。通體朱漆地，面心正中開光，開光內戧金彩漆雕填雙龍戲珠，兩龍各伸一爪高舉聚寶盆。四角折枝花卉，前後牙條亦以龍紋為飾。腿足及兩側橫棖雕填折枝花卉。朱漆桌裏，有刀刻填金『大明萬曆癸丑年製』楷書款。

六六　鐵力抽屜桌　明

長一一四、寬五一·五、高八七釐米

故宮博物院藏

鐵力木製成，面下設抽屜四具，屜面開光浮雕折枝花及卷草紋。壺門式牙

條，浮雕卷草紋。腿與面板結合的外角處另安卷葉紋托角牙頭，兩側腿間裝橫棖，四腿側腳收分明顯，極具穩定感，且有桌案和櫥的兩種功能，美觀實用。

六七　填漆戧金雲龍炕桌　明

長八五·五、寬五七、高二六釐米

故宮博物院藏

桌面長方，下承束腰，拱形腿，足向裏勾，勾下各有一圓球，周身黃漆地，面飾填朱漆戧金昇龍，周圍散佈五彩流雲，紅斜方格黑萬字錦紋地。周有黑漆欄。邊飾填漆戧開光趕珠龍和折枝花卉，間以錢紋錦地，腰板飾戧金彩色螭紋圖案，如意雲頭式牙板，雕填戧金彩色雙龍戲珠。卷雲式抱角，肩周填團蓮各一，填彩雙螭紋足，黑素漆裏。

六八　黃花黎酒桌　明

長一〇〇、寬五〇、高八〇釐米

故宮博物院藏

直牙條細窄無雕飾，高拱羅鍋棖直抵牙條。兩側腿間裝雙橫棖，均為圓材。四腿外撇，側腳收分。此桌形體修長，結構輕便。

六九　紫檀雕靈芝几形畫案　明末清初

長一七一、寬七四·四、高八四釐米

故宮博物院藏

案有束腰，腿足向外彎後又向內收，與鼓腿膨牙式相仿。兩側足下有托泥相連，托泥中部向上翻靈芝紋雲頭。除案面外，通體雕飾靈芝紋。此案造型上吸收了帶卷書的几形結構，在畫案中較為罕見。所用紫檀大料十分難得，在傳世紫檀家具中堪稱上乘精品。

七〇　紫檀一腿三牙小條桌　清早期

長一〇六、寬三六、通高八二釐米

北京頤和園藏

紫檀木製成，面下劈料牙條，下有裹腿羅鍋棖上抵桌牙。另在桌面四角安弓形角牙與四腿連接，俗稱一腿三牙。這類家具在明代比較流行，多用牙板，入清後出現圓棍式。此桌造型特點屬明式，然已入清，為典型的清代初期風格。

七一　黑漆理溝描金雲龍紋雙層面宴桌　清早期

長一一八．五、寬八四．二、高三二釐米

故宮博物院藏

宴桌雙層套面，上層面邊緣起攔水線，下層面開出圓形透孔十五個，分列三行。面下高束腰，四角露出桌腿上節。中間分段鑲帶魚門洞的絛環板。直牙條，壺門式曲邊與腿交圈。邊緣起線飾金漆。拱肩螞蚱腿外翻足。

通體黑漆地，以理溝描金手法裝飾龍紋。上層面四邊罩金髹，正中戧劃正龍，四角錦地開光，開光內戧劃雙龍戲珠。下層面圓孔之間戧劃團龍，牙條上亦以雙龍為飾。黑漆地與金色龍紋形成色彩反差，使圖案格外醒目，藝術效果極佳。

七二　康熙款黑漆嵌螺鈿長方桌　清康熙

長一六〇、寬五八、高八二釐米

故宮博物院藏

案形結構，圓腿。腿間鑲直牙條及牙頭。側面腿間裝雙棖，黃銅套足。周身黑漆地，用硬螺鈿嵌山石、牡丹、玉蘭、飛鳥等圖案。四周嵌開光花卉，間佈錦地，牙板、足、棖均散嵌折枝花卉，紅色漆裏。桌裏中帶上刻『大清康熙甲寅年製』款。圖案生動飽滿，嵌色豔麗，在嵌螺鈿大件器物中堪稱稀見之物。

七三　紫檀漆面嵌琺瑯西番蓮紋長桌　清乾隆

長一四四·五、寬六四、高八四·五釐米

故宮博物院藏

桌面以紫檀木四邊攢框，漆面心，面沿雕回紋，四角用西番蓮紋琺瑯片包角，與桌腿之間用一個琺瑯瓶支撐。透空回紋角牙及方腿上嵌西番蓮紋琺瑯片。內翻回紋馬蹄。此桌原為位於寧壽宮花園內的符望閣所用之物。寧壽宮是乾隆皇帝為自己興建的養老之所。

七四　紫檀方桌　清乾隆

面方九五、高八九釐米

承德避暑山莊藏

桌面冰盤沿線腳，有束腰。牙條、羅鍋棖及四足直至馬蹄均起陽線。羅鍋棖上每面各有卡子花三，為乾隆年製。此桌為金星紫檀，色澤及紋理極美，原為蕭山朱翼盦先生購藏，今已捐獻國家。

（朱家溍）

七五　紫檀樺木面方桌　清乾隆

面方九三、高八七釐米

承德避暑山莊藏

方桌由矮八仙桌及四足支架組成。不用支架，矮桌可放在炕上使用，或稱『炕八仙』。安上支架，即成為『地八仙』，與一般八仙桌同高。矮八仙桌樺木面心，有束腰，羅鍋棖加卡子花。足端切成矩形，以便與支架的榫子拍合。支架四足由兩道十字棖連接，棖中有軸釘，故可開合。乾隆年製品。原為蕭山朱翼盦先生購藏，今已捐獻國家。

（朱家溍）

七六　黑雕漆錦紋炕桌　清乾隆

長八八、寬三三、高三五釐米

故宮博物院藏

現存二件，此為其一。長方形，直腿，仿案形結體。面下長牙條貫通兩腿，牙條與腿的拐角處飾雙雲紋護腿牙。腿下帶卷書式托泥，腿間鑲壺門式圈口。案面豆綠色漆地兒，以理溝填漆手法飾六方花紋錦，回紋邊，除案面外，通體剔黑工藝雕黑六方花紋錦，卷雲式足。

七七　紫檀邊座波羅漆圓轉桌　清乾隆

桌面直徑一一八·五、高八四·五釐米

故宮博物院藏

桌為圓形，以紫檀木做邊框、花牙及底座。面下正中有圓柱，圓柱中心安鐵軸。面下自中心有六條橫棖向四外伸展，與邊框連接。每條橫棖下有夔紋托角牙將桌面與圓柱牢牢固定。桌面正中鑲板，以漆工技法做出波羅漆面。底座略具葵瓣形，帶束腰，黑漆心，正中安立柱，四圍有夔紋站牙抵夾，在立柱正中做出圓孔，上節立柱的鐵軸就插在下節的圓孔裏。桌面與底座組裝好後，桌面可以根據需要，隨時往來轉動。此桌設計合理，結構嚴謹精密，創意性強。尤其是桌心的漆面，做工複雜，具有較高的藝術價值和歷史價值。

七八　黃花黎漆心長條桌　清中期

長一三九、寬四九、通高八六釐米

北京頤和園藏

黃花黎木製成，桌飾漆心，面下有束腰，鏤出炮仗洞，另在每個炮仗洞之間的豎牆描金彩繪卷草花卉。束腰下襯托腮，直牙條，拱肩直腿內翻回紋馬蹄。在四腿與牙子結合的轉角處另安透雕拐子紋角牙，並以金漆勾畫紋理。這種硬木家具與金漆工藝相結合的做法是清代中期流行的工藝手法。

七九　紫檀雕梅花長桌　清中期

長一七六、寬四四·五、高九〇釐米

故宮博物院藏

紫檀木製成，長條形，面下有束腰，窄牙條，直腿內翻方馬蹄。除桌面外，通體浮雕梅花紋，不露襯地。雕刻手法高超，精細入微。為清宮造辦處作品。

八〇　紫檀嵌竹玉長桌　清中期

長一七三、寬七〇、高九〇釐米

故宮博物院藏

桌身長方形，兩拼板心，四邊嵌玉蝙蝠及珠花。側沿四角雕回紋，下沿貼竹黃。面下有束腰，貼竹黃，在竹黃之上又以周制鑲嵌法嵌玉製蝙蝠及圓壽字，束腰下承托腮，牙條下有高拱羅鍋棖，中間嵌黃楊木透雕仰覆山紋。直腿，回紋方馬蹄。

八一　紅漆嵌螺鈿百壽字炕桌　清中期

長九六·五、寬六三、高二九釐米

故宮博物院藏

桌面中間嵌螺鈿『壽』字共一百二十個，邊沿嵌螺鈿萬字錦紋地，寓意『萬壽無疆』。桌面側沿嵌螺鈿萬字紋，面下有束腰，嵌團壽及長壽字紋，牙條及直腿嵌螺鈿蝙蝠、壽桃、團壽及方壽紋，寓意『福壽雙全』。內翻馬蹄。

八二　天然木方桌　清中期

面方九七、高八九·五釐米

故宮博物院藏

桌體方形，面下四圍飾透空花牙，係以奇形怪狀的樹根經巧妙拼接構成方桌

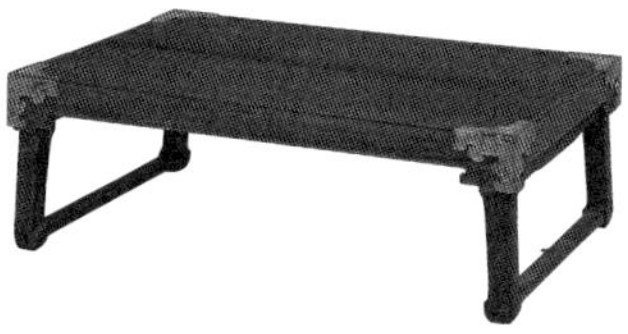

形態，宛若天成。這類天然木家具自宋代以後開始流行，明清兩代漸多，尤其是清代中期，在上層貴族府第的花園中常有樹根家具。但由於實用性差及製作難度較高，清代後期漸不流行。

八三　紫檀雕花半圓桌　清中期

直徑一一〇·五、高八七釐米

故宮博物院藏

桌取半圓形，紫檀木製成。冰盤沿下有束腰，束腰分段鑲板，並浮雕夔龍紋。每段束腰之間露出腿子上節，牙條及桌腿上部浮雕西番蓮紋，桌腿與桌牙拐角處安透雕夔龍紋牙頭，牙條下部飾如意紋窪堂肚。方形桌腿邊緣起線，雕雙翻回紋足。四面平式底棖，當中鑲屜板，透雕卷雲紋。做工細膩，為清代中期優秀作品。

八四　黃花黎銅包角活足炕桌　清

長八九·五、寬五八·五、高三〇釐米

故宮博物院藏

黃花黎木製成，桌面攢邊鑲心，邊沿起攔水線，四角鑲鐵鋄金包角。四腿下裝橫棖，上裝鐵軸，用時打開，不用時可折疊收貯起來。為清帝出行時攜帶的日用家具。

八五　紫檀四面平螭紋畫桌　清

長一七三·五、寬八六·五、高八一·五釐米

浙江省博物館藏

四面平式大都光素無紋飾，此則就其平面減地鏟刻螭紋，姿態生動，刀法圓潤，甚饒古意。蓋取材周秦玉器花紋，故與一般明代螭紋大異。畫桌自本世紀初即聞名故都，原為明代成國公朱姓舊物，後歸滿洲名士佛尼音布，旋經蕭山朱氏

購藏，最後經朱氏捐贈給浙江省博物館。

（王世襄）

八六　彩漆禽獸紋俎　春秋

長二四·五、寬一九、高一四·五釐米

一九八八年當陽趙巷四號墓出土

宜昌博物館藏

木胎，斫製。俎板為長方形，四邊起棱，兩端上翹，俎面板下面兩端有四個印孔，以榫卯安接四個曲尺形足。俎面髹紅漆，餘均髹黑漆，並用紅漆描繪十二組二十四隻瑞獸和八隻珍禽。這些動物的形態各異，圖案十分優美。

（劉家林）

八七　彩漆卷雲紋案　戰國

長七一·五、寬三七、高一五·六釐米

一九九二年長沙順巷一號墓出土

湖南省長沙市文物工作隊藏

木胎，整木雕製。案面為長方形，周邊起棱。案底四周有沿，四角各鑿一方孔，以榫接四獸足。通體髹黑漆，並用紅漆在周沿繪卷雲紋。

（劉家林）

八八　彩漆三角形紋俎　戰國

長二四·四、寬一二、高一四·八釐米

一九五七年信陽長臺關一號墓出土

河南省文物考古研究所藏

木胎，斫製。由一長方形俎面板與兩足接榫構成。俎面兩端中部各有一榫眼，兩足上部各有一凸榫插入面板的榫眼中。通體髹黑漆，並用紅漆在面板的周沿和兩足上部繪三角形雲雷紋。

（劉家林）

八九　雲紋漆案　西漢

長六〇・二、寬四〇、高五釐米

湖南長沙馬王堆漢墓出土

湖南省博物館藏

此案出土兩件，形制相同，斫木胎，平底長方形。四角有矮足。案內髹紅黑相間漆地各兩組。黑色漆地上繪紅色和灰綠色組成的雲紋，紅地上無紋飾。四周有高於面心的矮壁，內外兩面彩繪幾何雲紋，底部黑素漆，紅漆書『軑侯家』三字。其中一件出土時上置漆盤五件，漆耳杯一件，漆卮二件。

九〇　天曆紀年木雕條案　元

長二六五、寬七〇、高一一七釐米

一九五八年徵集

河南省內鄉縣衙博物館藏

條案木質，呈長方形，案面兩端凸起呈卷軸狀。正面兩腿雕刻魚龍變化紋。兩腿間的長方形包框內為透雕圖案，已不清晰。雕刻簡樸，線條流暢。條案左側後面的腿上向內刻有文字『天曆三年歲次庚午五月末旬，顯聖廟西住人王□□，祈保家眷清吉，六畜平安，田疇豐稔吉祥』。按一三二八年九月至一三二九年一月為元天曆年號，亦即至順元年，一三三〇年。同時從上述題記中不難看出，該條案是顯聖廟（今河南省內鄉縣王店鎮顯聖廟村所在地）西的一家農戶，為保平安吉祥而捐給顯聖廟的一個香案。目前我國所保留下來的元代家具已不多見，故有着較高的文物研究價值。

攝影：王尉波（徐新華）

九一　黑漆嵌螺鈿書案　明萬曆

長一九七、寬五三、高八七釐米

故宮博物院藏

該案平頭，直腿，無托泥。通體黑漆地，滿嵌厚螺鈿。面嵌坐龍、行龍及朵雲，邊嵌趕珠行龍。如意雲頭形牙板，直腿泥鰍背，足鑲雲頭銅包角，如意雲頭形檔板，均以螺鈿嵌龍紋及朵雲。案裏用螺鈿嵌『大明萬曆年製』楷書款。為明代螺鈿書案中稀見之物，甚為珍貴。

九二　鐵力翹頭案　明

長三四三·五、寬五〇、高八九釐米

故宮博物院藏

鐵力木製成，獨板為面，案面甚厚，約近三寸。翹頭與案面兩端的堵頭係一木連作。案裏鏟挖出凹進去的圓穹，目的在於減輕器身重量。牙條貫通兩腿，夾頭榫結構，牙頭外形作出雲紋曲邊，當中自腿邊向兩側浮雕象紋。象鼻微卷，兩象合起來，又好似下卷的雲紋。案腿素混面，落在托泥上。腿間上部有橫棖，正中檔板用厚材鎪雕大朵雲頭，居中垂掛。四角鑲雲紋角牙，整體效果凝重雄偉，氣度非凡。難得之處在於案裏正中有刀刻『崇禎庚辰仲冬製於康署』十字款。由此得知，此案乃廣東德慶縣製品。此款應為主人在德慶縣購置此案時所作的紀念款。對研究明清時期廣式家具有極其重要的參考價值。

九三　紫檀架几案　明

長三二二三、寬四五·二、高八八·五釐米

承德避暑山莊藏

紫檀架几案實例不多，此案長逾三米，更是難得。兩几不用常見的四足加橫棖做法，而是四面厚板兜合，尤為罕見。蟠螭不僅透雕，而且兩面作，通體光潤圓熟，宛如巨大墨色玉佩，可謂典雅清新，一器而兼具二美。此為蕭山朱氏捐獻國家珍貴家具之一。

（王世襄）

九四　黑漆嵌螺鈿書案　清康熙

長一九三·五、寬四八、高八七·四釐米

故宮博物院藏

長方形，雲頭式抱腿牙及沿板，鏤空雲頭檔板，足下有托泥。通體黑漆地，面灑嵌螺鈿加金山水人物，間以開光花卉，加金錢紋錦。全身灑嵌螺鈿加金，開光折枝花卉，間碎花錦紋地。裏刻『大清康熙辛未年製』楷書款。

此器造型特點具明式風格，且做工精細，圖案絢麗多彩，係康熙時期漆器家具中的上乘之作。

九五　填漆戧金炕案　清康熙

長一六〇、寬三二〇、高三九釐米

故宮博物院藏

案面黑漆地，雕填戧金開光花卉，紅色錢紋錦地，兩端雕填折枝花卉，紅萬字方格錦紋地。鰍背小圓翹頭，沿板和腿部均戧金雙勾紅線，填彩暗八仙。戧金填彩流雲，散佈折枝花卉。左右瓶式板腿，裏面均彩漆雕填串枝勾蓮花紋。案裏紅漆，有『大清康熙年製』楷書款。

九六　竹黃包鑲書案　清中期

長一九四·二、寬八二、高八六·五釐米

故宮博物院藏

杉木胎，通體包鑲竹黃。案面下為回紋透空攢牙子，四腿上端與案面連接，支撐着牙條的下部。兩側腿間安羅鍋棖，雲頭形足。此案採用竹黃包鑲，在大型桌案中極為少見，堪稱清代家具珍品。

九七　樺木圭形炕案　清中期

長一四五、寬七〇、高四八·五釐米

故宮博物院藏

樺木製成，三件組成，實為一圓一方兩個几座上平放一獨板案面。案面一頭方，一頭圓，以方對方，以圓對圓。整體造型酷似圭形，兩個底座兩面各裝抽屜三層，不用金屬拉手，而將抽屜臉鏤出亮洞，正中鏤出卡子花來代替拉手，這類抽屜都要在抽屜臉裏側再安一道立牆。設計巧妙，造型別致，具很高藝術水準。此器清宮中原有一對，現另一件僅存一圓几座。

九八　紫檀炕案　清中期

長九一、寬三五、高三二釐米

故宮博物院藏

紫檀木製成，案面攢框鑲板，面側沿飾絲環線，浮雕回紋。面下直牙條，上雕回紋。牙頭鏤成如意雲頭形，腿面正中亦飾回紋絲環側面兩腿間有橫棖，裝長方圈口。圈口兩面起凸線一圈，內外浮雕回紋一匝。下承須彌式托座，帶龜腳。

九九　天然木平頭案　清中期

長二五二、寬六九·五、高八〇·五釐米

故宮博物院藏

案面柴木作，面下牙條與腿足為一體，均用天然樹根拼接而成。兩側腿間有用樹根拼接的檔板，下承托泥。樹根家具製作的難度，在於藝人們要在眾多的奇形怪狀的樹根中發現形象，巧妙拼接，使人看不到拼縫和鐵釘。既要做成家具形象，又要讓人感覺婉若天成。

一〇〇　紫檀書案　清

長二二〇、寬八九、高八七·五釐米

故宮博物院藏

通體紫檀木製成，劈料桌沿，裹腿式橫棖，用矮佬分為四格，前後各裝抽屜四枚，合為八屜。兩側腿間另裝裹腿棖。此桌獨特之處在於除桌面外，通體雕刻錢維城、劉石庵、地南沙老人、鄭板橋、湯貽汾、金農等人的書畫作品。據此可知此桌製作年代應在清乾隆年間。

一〇一　彩漆雲紋几　戰國

長六〇·六、寬二一·三、高五一·三釐米

一九七八年隨州曾侯乙墓出土

湖北省博物館藏

木胎，斫製。由面板與兩塊豎立板以榫卯相接而成。邊板上端向內側圓卷，下端平齊，中部偏上向內凸出並鑿有榫槽以嵌面板，榫槽當中還有一榫眼以容納面板的榫頭。通體髹黑漆，並用紅漆繪雲紋、幾何雲紋等，在面板的邊緣及當中，還畫有粗紅道。

（劉家林）

一〇二　彩漆S紋几　戰國

高五五、寬一二·五、長六〇釐米

一九七八年江陵天星觀一號墓出土

荊州市博物館藏

木胎，斫製。由兩塊邊板和一塊面板榫接而成。形如『H』，面板中部微下凹，兩側立板頂部捲曲，中部鑿方形榫眼與几面榫頭套接。通體髹黑漆，几面邊沿紅漆繪綯紋，兩側繪『S』紋，兩端立板正面繪雲紋和綯紋，兩面側繪『S』紋。

（劉家林）

一〇三　黑漆嵌螺鈿香几　明宣德

面徑三八、高八二釐米

故宮博物院藏

葵花式面，鶴腿象鼻式足，有托泥。通體黑漆地，几面彩繪嵌螺鈿龍戲珠，四周彩繪嵌螺鈿折枝花卉，邊緣沿板均開光，描彩折枝花卉。腿部嵌螺鈿描彩龍戲珠，間佈折枝花卉。開光魚藻折枝花足托泥，黑漆裏。

一〇四　剔紅牡丹花香几　明宣德

面方四三、肩寬四五、托泥最寬五七、通高八四釐米

故宮博物院藏

正方銀錠委角式面，邊起攔水線，下承束腰，拱肩直腿帶托泥。通體剔紅串枝牡丹花紋。几面雙飛孔雀串枝牡丹，凹心回紋錦地邊。四面牙板開壺門形曲邊，鶴腿蹼足帶托泥。側腳收分明顯，極具穩定感。黑素漆裏，刻『大明宣德年製』款。此器顏色鮮紅，刻工精煉，孔雀和花卉生動飽滿，刀法亦保持藏鋒圓潤的特點，為明代大件剔紅器物中稀見之物。

一〇五　紫檀裹腿棖方几　清早期

長四一、寬四一、通高八五釐米

北京頤和園藏

紫檀木製成，無束腰，直腿帶托泥。通體光素無紋，僅在面下裝條方形方環，兩側以羅鍋棖相抵，下部裝裹腿平棖，正中鑲板，底部另安裹腿羅鍋棖。看似托泥，而腿足實為一木。

一〇六　金漆三足憑几　清早期

長八八、寬九、面高三一·五、通高四七釐米

故宮博物院藏

木胎，通體髹金漆，几面弧形，兩端翹起作浪花狀。面下三足，三彎式腿，拱肩雕出獸頭。腿足雕成獸頭吐水狀。在水注落地處卷起，正好形成外翻馬蹄。構思巧妙，設計獨具匠心。束腰部分內側嵌牙雕三塊，以高浮雕手法裝飾蒼龍教子圖。外側凸雕夔龍花紋，刻工亦精。

這種弧形憑几是供席地起居時憑伏的一種家具，最早出現在魏晉時期，南北朝時非常流行。極適合遊牧民族使用。宋代以後，廣大漢族地區基本淘汰，而北方各遊牧民族仍有使用。這件金漆三足憑几就是皇帝出行時在帳篷內使用的。

一〇七　紫檀一腿三牙小炕几　清早期

長八九·五、寬二九、高三二釐米

故宮博物院藏

案形結構，几面邊抹側沿為劈料做。緊貼几面處作二劈料裹腿托帶，下有裹腿羅鍋棖加矮老棖子，中間加長方圈口。四角另安矩形角牙與腿相交，形成一腿三牙。似腿微外撇，呈四劈八叉式，腿面為芝麻梗式四劈料。此几結構、做法均仿照竹藤製品，風格獨特，為清代早期明式家具精品。

一〇八　填漆雲龍海棠式几　清康熙

長三八、寬二九、高七四·五釐米

故宮博物院藏

海棠式面，下承束腰，拱式腿，足向外翻，下有海棠式托泥。周身黃漆地，以填彩漆和戧金手法，飾錦地開光雲龍和折枝花卉。几面雕填黑漆正龍一，下部海水江崖，龍身紅色火焰散佈彩色飛雲。邊緣開光花卉，填黑漆錢紋錦地，足托雕填紅色正龍一，填黑流雲海水。底光黑漆，中刻『大清康熙年製』款。

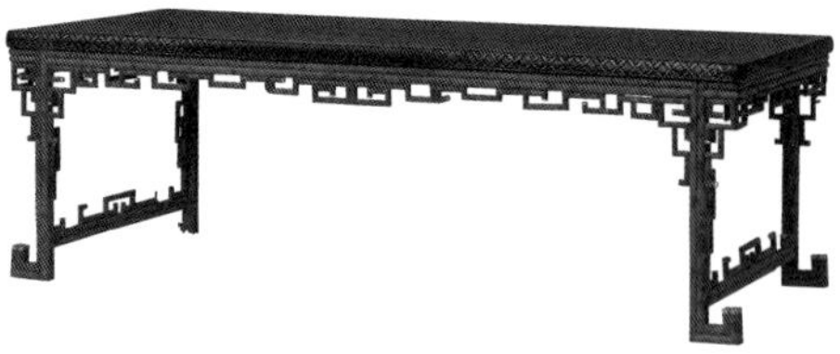

一〇九　填漆戧金雲龍梅花式香几　清康熙

面徑二五、高五二釐米

故宮博物院藏

梅花式面，下承束腰，拱形腿五條，足向外翻卷，珠式足下承圓盤式托泥。周身黃漆地，几面戧金雕填黑色正龍一，間以彩色流雲海水，邊開光折枝花卉，束腰及壼門牙板填彩開光折枝花卉，間以勾蓮圖案。六腿開光折枝花卉，均間以萬字錦紋地，彩色勾蓮紋托泥。底光黑漆，中刻『大清康熙年製』楷書款。

一一〇　填漆戧金雲龍香几　清康熙

面方二五·五、底方二五·七、通高五〇·四釐米

故宮博物院藏

几面正方，下承束腰，拱式腿，足向外翻。下有方盤形托泥。周身黃漆地，雕填戧金。几面葵花式開光，戧金行龍、彩雲、聚寶、海水，四角開光勾蓮團花，黑萬字方格錦紋地，腰板彩色螭紋，四腿彩色折枝花卉。托泥葵花式開光，戧金雲龍、海水，黑萬字方格錦紋地，黑素漆裏，中刻『大清康熙年製』款。

一一一　黑漆描金斑竹炕几　清雍正

長一二二、寬四九、高三八·五釐米

故宮博物院藏

几面木胎髹紫漆，彩繪描金山水、松鶴延年。面下以斑竹攢成拐子式牙子，斑竹四足。斑竹斷面孔眼全用象牙片封堵。據清代內務府檔記載，『雍正十年六月二十七日，據圓明園來帖稱，本日內大臣海望奉上諭：着傳旨年希堯——再將長三尺至三尺四寸、寬九寸至一尺、高九寸至一尺小炕案亦做些，或彩漆、鑲斑竹，款式亦要文雅。欽此。』證實此器係雍正年製品。

一一二 紫檀繩紋拱璧方几 清中期

面方四一、高九三釐米

北京頤和園藏

几面正方，紫檀木製成。冰盤沿下高束腰，四角露出几腿上節，當中銘板，浮雕如意雲頭紋。束腰下承托腮，牙條與腿粽角榫結構，牙條下另安繩紋拱玉璧橫棖，在與腿相交的結合處，又作出磬紋裝飾。足下帶拱形托泥。設計新穎，為清代中期家具精品。

一一三 文竹包鑲方几 清中期

長三九、寬三九、通高九三釐米

北京頤和園藏

方形几，木胎，通體包鑲竹黄，不露木骨。面下有束腰，鎪雕炮仗洞，束腰下有托腮，直腿，直牙條，下承托泥。獨特之處在於四腿之間的方形空檔中又另安一長方圈口，豐富了裝飾效果。

一一四 紫檀銅包角炕几 清中期

長一〇二、寬四一、通高四一釐米

北京頤和園藏

紫檀木製成，面下有束腰，浮雕拐子紋。直牙條下又另裝浮雕夔龍及玉磬紋花牙，直腿回紋足。在器身四角的側沿、束腰、拱肩部位均鑲有銅質鏨花鍍金銅飾件。造型美觀，用料合理，為清代家具優秀作品。

一一五　**紫檀鏤雕龍紋香几**　清中期

長四一·五、寬二九、高九二釐米

故宮博物院藏

几面長方形，面下束腰處嵌透孔的絛環板，板上雕龍紋，束腰下有托腮，牙條、四腿及橫棖上透雕纏繞蜿蜒的龍紋。足間有透雕龍紋牙子，下承覆蓮瓣紋臺座。香几為香爐的承具，此几紋飾繁複生動，用材厚重，結構嚴謹，給人穩重之感。

一一六　**楠木嵌竹絲香几**　清中期

面方四二·五、高九二釐米

故宮博物院藏

楠木製成，嵌竹絲手法裝飾回紋錦。几面方形，面下束腰包鑲竹黃，再挖槽嵌夔龍紋玉飾件，雕拐子紋花牙。几面側沿、牙條、腿全部用竹絲貼嵌成回紋，棱角處均以著色竹絲鑲嵌，回紋的輪廓亦用著色竹絲貼嵌。足下承托泥。

此几所用的竹絲均為一毫米粗細的圓絲，貼嵌圖紋精美，不見瑕疵，工藝極其精湛。

一一七　**彩漆鳥獸紋衣箱**　戰國

長七二、寬四八、通高三六·五釐米

一九七八年隨州曾侯乙墓出土

湖北省博物館藏

木胎，挖製輔以斫製。由蓋與器身組成，長方盒狀，蓋頂拱起，四角有短把手。裏表均髹黑漆，蓋頂陰刻『狄口』二字，兩邊用紅漆繪花紋。其正中有兩道粗紅線，兩相對稱的四獸作回首反顧狀，獸下繪卷雲紋。衣箱的一側繪兩獸相對，其中一獸背上方繪一鳥佇立，另一獸上方繪一鳥展翅飛翔，鳥後有一人右手揪住鳥尾，左手擊鳥，鳥的上下各有象徵太陽的大圓點；相對的一側，一端繪蘑菇狀雲紋，另一端繪二鳥、卷雲紋等。

（劉家林）

一一八　彩漆弋射圖衣箱　戰國

長六九、寬四九、通高三七釐米

一九七八年隨州曾侯乙墓出土

湖北省博物館藏

木胎，挖製輔以斫製。由蓋、器身組成，長方盒狀，蓋頂拱起，四角有短把手，裏表均髹黑漆，並用紅漆繪紋與書寫文字。蓋面一頭的兩側各繪高矮兩樹，每個枝頭有一日，高樹上有兩鳥，矮樹上有兩獸（一獸為人面）。兩樹之間，繪持弓射鳥紋。據《山海經・海外東經》等記載，這幅圖畫應是後羿射日的寫照。衣箱一側面為素面，另三面繪有方格紋，內裏勾勒卷雲紋、蘑菇雲紋、獸紋、鳥紋等。

（劉家林）

一一九　彩漆二十八宿衣箱　戰國

長七一、寬四七、通高四〇・五釐米

一九七八年隨州曾侯乙墓出土

湖北省博物館藏

木胎，挖製輔以斫製。由蓋、器身組成，器身為長方體，蓋頂拱起，四角有短把手。器內髹紅漆，器表髹黑漆。蓋面正中朱書一篆文的大『斗』字，按名稱順時針方向用紅漆書寫二十八宿名稱，蓋頂兩端分別繪出青龍、白虎。此衣箱是我國迄今發現記有二十八宿全部名稱，並與北斗、四象相配的最早的天文實物資料，説明我國至少在戰國已形成二十八宿體系。二十八宿體系源於中國。

（劉家林）

一二〇　黑漆嵌螺鈿經箱　五代

長三五、寬一二、高一二・五釐米

蘇州博物館藏

木胎髹黑漆，盝頂長方形，下為須彌座帶壺門洞。箱體滿嵌彩色螺鈿花紋，蓋面嵌三組團花，中嵌半圓形水晶和點綴彩色的寶石。四周嵌石榴、牡丹、飛鳥、蛺蝶等圖案。須彌座壺門洞內飾堆漆描金瑞草。整個經箱金碧輝煌，堪稱五代時期的藝術珍品。

一二一　黑漆描金龍紋藥櫃　明萬曆

長七八·八、寬五七、高九四·五釐米

中国國家博物館藏

齊頭立方式，兩扉中有立栓，下接三個明抽屜，腿間鑲拱式牙板。通體黑漆地，正面及兩側上下描金開光昇降雙龍戲珠，背面及門裏為松、梅、竹三友圖和花蝶圖案。藥櫃內部中心有八方轉動式抽屜，每面十個，共計八十個抽屜。兩邊又各有一行十個抽屜，每屜分為三格，共盛藥品一百四十種。櫃門、抽屜、足部都裝有黃銅飾件，極為精致。櫃門用球形活動軸，既便於轉動，又實用美觀。櫃內部抽屜上塗金簽各三個，標明各種中藥的名稱。櫃背面上邊描金，書『大明萬曆年製』款。

一二二　黑漆嵌螺鈿描金平脱龍紋箱　明萬曆

箱體方六六·五、高八一·五釐米

故宮博物院藏

杉木胎，箱體結構別致，上開蓋，下為十六釐米深的平屜。前臉安插門，內裝抽屜五具，平屜內有銷，直抵插門上邊。箱蓋正面有銅扣吊，可以上鎖。扣吊兩旁及箱體兩側有桃形銅護葉。兩側箱壁中部有銅提環。此箱當為皇帝巡狩時存貯衣物之用。通體黑漆作地，用描金、彩繪加螺鈿的技法飾雲龍紋十四組。箱體四面及上蓋的雙龍一條以平脱手法用銅片嵌成，一條平嵌手法用螺鈿嵌成。兩條龍的龍鬃、龍角、龍脊用銀片嵌成。龍紋姿態生動，具極高藝術水準。龍紋周圍的雲紋用描金描銀的手法作裝飾，顯得絢麗華貴。插門內的雙龍紋又以描彩漆手法作裝飾。屜內為黑素漆裏。蓋內正中，刻『大明萬曆年製』楷書款。此器做工精細，一絲不苟，鑲嵌螺鈿加銅片、銀片，薄厚均勻，是明代漆器家具中的上乘精品。

一二三　填漆戧金雲龍箱　明

長九五、寬六三、高四二釐米

故宮博物院藏

長方形箱，弧形盝頂蓋，箱下代托。鑲鐵鍍金銀飾件及提環。通體朱漆地，蓋面及四牆中心各有黃漆地戧金海棠式開光，雕填龍戲珠、海水、勾蓮圖案間萬字錦紋地，邊開光填彩串枝蓮，四角萬字錦紋地，填彩漆靈芝、團花花卉。黑素漆裏。

一二四　黃花黎小箱　明

長三七、寬二六・五、高三八釐米

故宮博物院藏

通體黃花黎木製成，上開蓋，打開上蓋，內有一淺盤。正面對開兩門內分三層，上兩層每層裝抽屜兩個，下層裝一個大抽屜。箱外兩側有銅提手，箱門正面有銅質面葉吊牌鈕頭，可以上鎖。為古代官員出行時攜帶文具或梳妝用具之用。俗名『官皮箱』。

一二五　紅填漆戧金雲龍櫃　明

長九二、寬六〇、高一五八釐米

故宮博物院藏

四面平式，對開兩扇門，中間有立栓，下接裙板，直腿間鑲拱式牙條。櫃內裝堂板。黃銅素面合葉，包銅套足。兩扇櫃門各雕填紫漆地戧金昇龍，兩龍高舉聚寶盆，下部雕海水，紅卍字黑方格錦紋地。四周和中栓戧金雕填串枝蓮紋，裙板雕填戧金雙龍戲珠紋。櫃側雕填戧金正龍，下部戧金填彩海水，滿佈紅卍字黑方格錦紋地，圍以戧金填漆串枝勾蓮紋邊飾。櫃背黑漆地，上部描金加彩『海屋添籌圖』，下部金彩花鳥，櫃背上陰刻戧金『大明宣德甲戌年製』楷書款。查明代宣德年間無『甲戌』年，其漆色、紋飾以及櫃型亦不同於宣德時物，而與萬曆風格卻極相似，故年款應為明萬曆以後改刻。

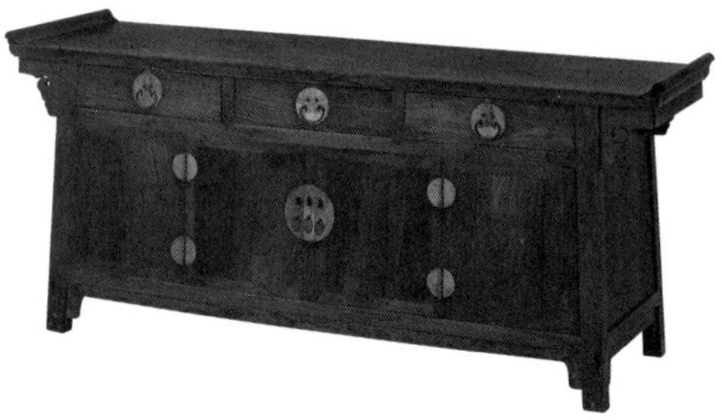

一二六　黃花黎聯三櫃櫥　明

長二一五·五、寬六〇·五、高九一釐米

故宮博物院藏

案形結構，櫥面兩頭翹起，面下兩端與櫥身相連部有花牙。櫥面下設三個抽屜，裝白銅拉手、插銷及鎖鼻。抽屜下為櫃，對開兩扇門，門旁有可裝卸的餘塞板。四腿外撇，有明顯的側腳收分。此櫃櫥具有桌案和櫃的兩種功能，既可儲物，又可作桌案使用。

一二七　填漆戧金龍戲珠紋十屜櫃　清早期

長五二·五、寬四二、高五六釐米

故宮博物院藏

正面原為對開兩扇門，早年缺損一門。門上有銅飾件，櫃兩側安銅提環。門內平設十個抽屜。底承雲頭形足。通體黑漆理戧金雙龍戲珠紋，下部為海水江崖紋，間佈朵雲。抽屜面上填漆戧金斜萬字錦紋地。從其漆質、紋飾的風格特點看，為清代初期作品。

一二八　柏木冰箱　清

長九一、寬九〇、高八二釐米

故宮博物院藏

柏木製成，上有一對箱蓋，蓋上有四個銅錢紋開光，用於將箱蓋提起。箱內

四壁均用鉛皮包鑲，並設有一層格屜，由兩個長方形的格屜組成。冰箱外壁銅箍三道，兩側面安有銅提環。箱下承柏木座，座面有束腰，四角及鼓腿拱肩部均包鑲銅片，足下連托泥。

一二九　黃花黎百寶嵌頂豎櫃　明末清初

長一八·五、寬七二·五、高二七二·五釐米

故宮博物院藏

現存一對，雜木為骨架，每櫃各有兩面以黃花黎木包鑲。分為上下兩節。正面上下各裝四門，正中可開，兩側可卸。櫃面用各色葉蠟石、螺鈿等嵌出各式人物、異獸、山石、花木，上層為歷史故事畫，下層為《番人進寶圖》。從此櫃兩面包鑲看，使用時須兩櫃並排擺放。

一三〇　紫檀大櫃　清

長一〇四·六、寬五二、高一七五釐米

承德避暑山莊藏

櫃體一封書式，全身光素，僅牙條浮雕草龍。其製作年代應在雍正、乾隆年間。通體紫檀木製成，櫃門及兩側櫃幫取落堂作，裝板周緣在朝外的一面去薄，即所謂『外刷槽』的做法。此對紫檀櫃早年為蕭山朱氏收藏，後捐獻給國家，藏於承德避暑山莊。

（王世襄）

一三一　紅漆描金山水格　明

長一九二·五、寬四八·五、高二一一釐米

故宮博物院藏

書格木胎，外髹紅漆，堂板三層界成四格。紅色漆裏，四框及屜板正面描金山水樓閣圖。兩側描金通景山水樓閣圖，下有牙條及腿足，鼓腿膨牙三彎腿外翻馬蹄。

一三二　黃花黎櫃格　明

長九二、寬五九·五、高二〇四釐米

故宮博物院藏

上層格正面及左右開敞，裝三面券口牙子，雕雙螭紋、回紋，邊起陽線，券口下透雕螭紋欄杆。下部櫃門為落堂踩鼓式，有白銅合頁及面葉。櫃下壺門牙雕卷草紋。櫃格的特點是上格下櫃，上格用於陳放古器，下櫃用於儲物，為書房、客廳的必備家具。

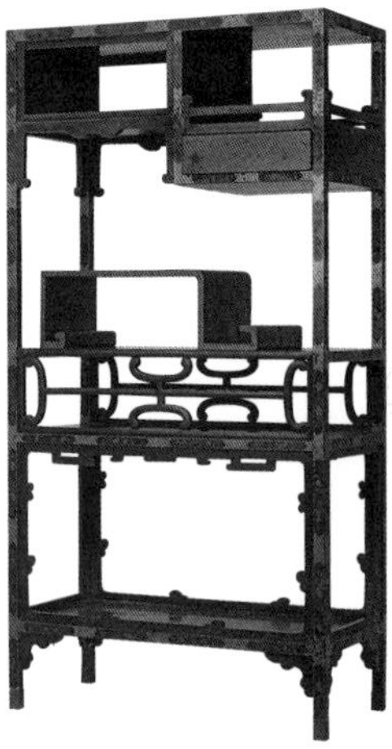

一三三　黑漆嵌薄螺鈿博古格　清早期

長一一四·五、寬五七·五、高二一一三釐米

故宮博物院藏

通體用方材，共分四層，第一層分兩面開敞及三面開敞的兩個格間，中有立牆相隔，一層格下懸一抽屜。第二層四面開敞，格板上有一紅漆描金拐角几。第三層兩側開敞，前後兩面裝帶卷曲紋的直棖。第四層是四面全敞的亮格，每面均裝卷珠紋券口。方腿以直牙棖相連，雲紋牙頭，四足端銅包角。邊框嵌螺鈿花蝶、山水紋。

一三四　黃花黎櫃格　清早期

長一〇六、寬五一、高二〇〇釐米

故宮博物院藏

黃花黎木製成，上部三面開敞，四邊鑲玉寶珠紋圈口牙子。下部對開兩門，落堂鑲平素板心。櫃內中部設兩抽屜，屜面中心配拉環。兩腿間安直牙條，方腿直足。此櫃格造型質樸，幾無雕飾，因而更顯出黃花黎木材質之美。

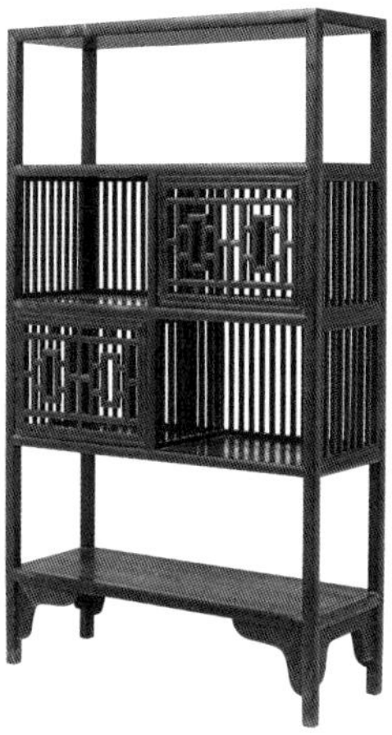

一三五　紫檀櫺門櫃格　清早期

長一〇一·五、寬三五、高一九三·五釐米

故宮博物院藏

齊頭立方式，上下兩層四面開敞，中間兩層有豎欞，其一前面有門，一前面無門。有門與無門方向相反。通體光素無紋飾，格下有托角牙。此器大有明式風格，但其兩扇燈籠錦小門又具明顯的清式風格，論其時代應為清代初期作品。

一三六　黑漆嵌螺鈿山水花卉書格　清康熙

長一一四、寬五七·五、高一二三釐米

故宮博物院藏

齊頭立方式，分四層，直腿，腿間鑲拱式牙條及牙頭。黃銅套足。周身黑漆地，用五色薄螺鈿和金銀片托嵌成錦地開光，開光內以五色薄螺鈿嵌成各式山水、花卉、人物等圖案。其中包括各種圖案錦紋三十六種，山水人物八種，花果草蟲二十二種。共計六十六種。其他為各式折枝花卉，大小圖案共計一百三十七塊。在中間一層底面中帶上刻『大清康熙癸丑年製』款。這對書格的精美之處主要表現在以下幾個方面：首先是做工精細，在不到一寸見方的面積上做出十幾個單位的錦紋圖案。鑲嵌花紋非常規矩。從鈿片剝落處可以看出，螺鈿和金銀片的厚度比現今使用的新聞紙還要薄，顯示出鑲嵌藝人高超的藝術水準。其次是裝飾花紋優美，各種山水、人物、樹石、花鳥草蟲等形象生動。再次是裝飾花紋豐富多彩，不同花樣的圖案錦紋就達三十六種之多。其中有二十幾種是其他工藝品中從未見到過的。此外，色彩調配恰到好處。鑲嵌的花朵色彩變化無窮，如從正面看是粉紅色的，從側面看是淡綠色的，再從另一角度看又變成白色的了。說明鑲嵌藝人在處理蚌色的自然色彩時，是十分精心的。

一三七　紫檀金漆描油多寶格　清

長八七·四、寬三二、高一五九·五釐米

承德避暑山莊藏

多寶格成對，以紫檀為骨架，而花牙則黑漆描金，彩漆裏。木色之光澤與漆工之絢麗相得益彰。架格的設計高低錯落，可陳設大小文玩古器。其間立牆、有方圓等不同形狀開光，使人移步可見陳設的旁側，甚見匠心。據清代內務府檔案載，雍正時已有硬木家具與漆工藝結合的做法，乾隆時已有什錦式架格等製作。此多寶格為乾隆年間精品，亦為蕭山朱氏捐獻國家珍貴家具之一。格下原有紫檀彩漆雙抽屜座，在動亂時期失散。（朱家溍）

一三八　紫漆描金格　清乾隆

長八七、寬三五、高一六一釐米

故宮博物院藏

該器木質髹漆加描金彩繪，格分上下八部分，共分七孔，高低錯落，可置大小珍玩。上層右側設板門兩扇，鍍銅飾件。隔板鏤孔，各不相同。兩山或飾開光洞，或鑲鏤空券口。後背板及櫃門以金漆彩繪山水風景圖。框架描金錦紋及拐子紋。其餘各部均飾描金花卉、蝙蝠及皮球花。新奇之處在於皮球花近三百有餘，卻無一相同。可謂匠心獨運，堪稱清代漆器家具精品。

一三九　竹絲鑲玻璃小格　清乾隆

長三九、寬二九·五、高四八·五釐米

故宮博物院藏

齊頭立方式，正面對開兩扇門，門框飾回紋並鑲貼竹絲，框內鑲玻璃，呈對稱『弓』字形。格內分左右兩間，每間自上而下錯落有致地懸着三個小抽屜，構思奇巧。兩側板亦飾回紋框鑲玻璃。內翻拐子紋足。

一四〇　紫檀漆心描金花卉多寶格　清中期

長九二、寬三三·五、高一四〇釐米

故宮博物院藏

齊頭立方式，五層，每層有透雕夔龍紋花牙、欄杆，立牆髹黑漆描金繪折枝花卉及山水圖。側面板繪蝙蝠、葫蘆，寓意『福祿萬代』。後立板背面繪描金花鳥圖。此格為一對，並排陳設，層層相連，圖紋相接，如同一體。

一四一　紫檀描金花卉山水圖多寶格　清中期

長五四、寬一八、高五七釐米

故宮博物院藏

齊頭立方式。每層有透雕夔龍紋花牙、欄杆，立板髹黑漆，描金繪折枝花卉及山水圖。側面板繪蝙蝠、葫蘆紋。後立板背面繪描金花鳥圖。此格為一對，並排陳設，圖紋相接，如同一體。

一四二　彩漆木雕小座屏　戰國

長五一·八、屏寬三、座寬一二、通高一五釐米

一九六五年江陵望山一號墓出土

湖北省博物館藏

木胎，雕製。屏座兩端着地，中部懸空，屏座上豎嵌長方形雕屏。屏內由透雕的鹿、鳳、鳥各四隻，蛙二隻，小蛇十一條，並以雙鳳爭蛇為中心組成二方連續圖案，屏框上有浮雕小蛇八條，屏座上也有浮雕相互纏繞盤結的大蟒二十二條。通體髹黑漆，用紅、黃、藍色彩繪鳳、鳥的羽毛紋，鹿的梅花斑紋，蛇和蟒的鱗紋等。在外框兩側用紅、藍、銀色彩繪變形鳥紋。整個屏雕有六種五十五個動物交錯穿插，相互爭鬥，變化繁複而有規律，並以鳥尾、小蛇將外框與雕屏相互連接。作者豐富的想像力和漆繪、木雕工藝的卓越成就，使這件作品成為楚國漆器工藝的典型代表。

（劉家林）

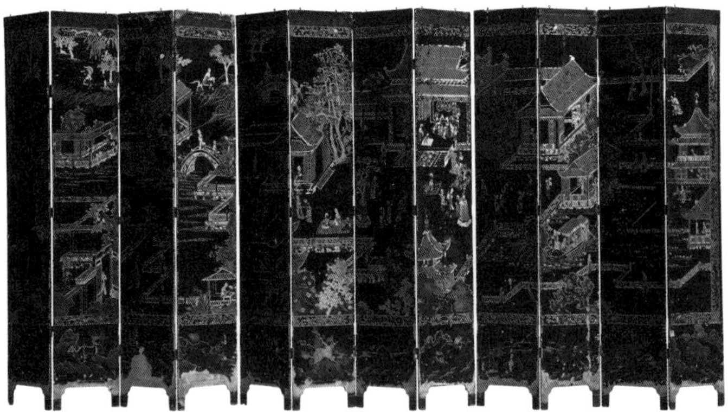

一四三　彩漆四龍座屏　戰國

高一二·八、寬四八·八釐米

一九七八年江陵天星觀一號墓出土

荊州市博物館藏

木胎，雕製輔以斫製。由屏座與雕屏兩部分組成。雕屏正中用立木分隔，兩側各透雕雙龍。雙龍背向，尾相連，均瞪目、吐舌、屈身、卷爪，作欲騰狀，龍身各部還用紅、黃、金三色彩繪花紋。通體髹黑漆。座的正、背兩側斜面陰刻雲紋，並加飾紅、黃、金三色花紋，兩端側面及立木飾三角雲紋。（劉家林）

一四四　嵌螺鈿人物仕女漆圍屏　明

單扇高二四七、寬四一·七、通長五四〇釐米

南京博物院藏

共十二扇，用鈕連接，可曲可直，可分可合。屏風上下以條形纏枝花及回紋邊分為三格，上端飾博古紋，下端飾各式花籃。中部較長，彩繪山水風景人物圖。其做法為先以漆工工序做成素漆家具，再依圖案要求填以各種色料，構成色彩斑斕的畫面。這種漆工工藝稱之為『刻灰』、『款彩』或『大雕填』。屏風正面用螺鈿鑲嵌出樓臺亭閣及仕女。共有九十餘個仕女人物活動其間。整個畫面，色彩絢麗，傳為『漢宮春曉』圖，反映了古代的宮廷生活。背面為雕填山水，水闊山高，蔚為壯觀。

一四五　紫檀邊座木靈芝大插屏　清乾隆

屏長一〇二·五、寬五〇、高一二五釐米

靈芝寬六七·五、高五七·五釐米

故宮博物院藏

紫檀邊座，插屏雕流雲嵌靈芝，兩面均可觀賞。背面以紫檀木高浮雕手法雕流雲作襯，靈芝上嵌乾隆帝御製《芝屏賦》，全文二百三十字，字僅有五毫米見方，為薄銀片鏤刻後貼嵌在靈芝上。

另一面是靈芝的正面，靈芝顯現出層出不窮的年輪紋路，彎彎曲曲，宛若流雲。周圍以木板鑲邊，上面刻有近臣所作的十四首靈芝詩，均為粉飾太平和為乾隆皇帝歌功頌德的內容。

一四六　紫檀邊雕竹山水人物插屏　清乾隆

寬六二、通高七八·五釐米

故宮博物院藏

插屏座框紫檀木製成，屏框與座架一木聯作。餘腮板絛環內浮雕蟠螭紋，披水牙雲紋曲邊，卷舒式足。屏心以竹鑲成，係用特殊工藝將竹筒展平鑲在紫檀框內。正面凸雕山居圖，畫面中樹木竹林全部傾向一方，顯然描繪的是一幅狂風大作的情景。背面竹地留青，浮雕觀瀑圖。刻劃精細，刀法純熟，雖無款識，但無疑出自名家之手。

一四七　紫檀邊嵌玉石花卉圍屏　清乾隆

寬三〇四、高一三七釐米

故宮博物院藏

屏分九聯，活頁八字式。光素紫檀木邊框，嵌鑿繩紋銅牆鐵壁線牙。屏心米黃色漆地，分聯營嵌各色玉石花卉。每聯首均有乾隆題詩。側屏及上下端均做紫檀木雕開光勾蓮花紋，每屏各附紫檀木雕如意雲邊開光勾蓮毗盧帽。下設紫檀木周開光勾蓮沿板三聯木座。黑漆描金雲蝠紋屏背。

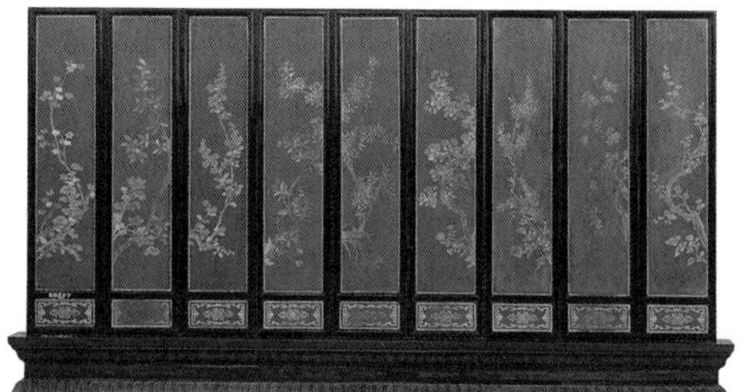

一四八　剔紅山水座屏　清乾隆

長二六八、寬六七、高二八七釐米

故宮博物院藏

屏分三扇，通體以剔紅工藝製成。上端屏帽三塊，剔紅如意紋間纏枝蓮紋，地子浮雕雲紋和龍戲珠紋。屏框雕纏蓮紋，裏側方格錦紋圈邊。正中屏心浮雕山水樓閣，樹石花卉，天空中祥雲繚繞，有仙人乘鶴而來，一派祥和景象。屏下為三聯八字形須彌式底座，浮雕蓮花紋八達瑪。

一四九　紫檀邊座嵌玉行書千字文圍屏　清乾隆

邊座長三一九·五、寬二〇、通高一八六·五釐米

故宮博物院藏

屏共九扇，坐落在長條形須彌座上。屏框及臺座均以紫檀木製成，屏心正面用青白玉以周制鑲嵌法嵌乾隆皇帝御筆草書『千字文』。屏風下部的裙板取落堂踩鼓做法，嵌雕染牙花卉紋。圍屏背面漆地描金各種花卉。千字文是南北朝時梁武帝命周興嗣編排的韻文，歷代以為啟蒙教科書。此屏為清乾隆皇帝御書，且做工精細入微，是乾隆時期圍屏精品。

一五〇　牙雕三羊嬰戲插屏　清中期

長四六·六、寬三三·八、高六〇釐米

故宮博物院藏

紫檀邊座，屏心以象牙鏤雕鑲嵌《三羊嬰戲圖》。庭院中有松、梅、竹、石，曲欄前一童騎羊，一童掌扇與一羊隨行，又一童驅策一羊前行，寓意『三陽開泰』。屏背灑金黃絹地有行楷書五言詩一首，下署『朱延齡秋山極天淨詩』款。屏座及邊框為酸枝木製成，絛環板、牙板雕如意雲紋及夔龍紋。

一五一　黃花黎邊座雕雞翅木染牙樓閣座屏　清中期

寬二一二、高二一一釐米

故宮博物院藏

黃花黎木製成，須彌式屏座，兩端做成十字頭，以增加穩定性。面下束腰，嵌木雕菱花紋卡子花，上下飾蓮瓣紋。座下帶龜腳。正中安一扇寬大的屏風。屏風以黃花黎木做框，上部以格角形式攢出回紋，並寬出屏框立邊，正中亦做出回紋，高出兩側端角，整體造型似毗盧帽。在屏框兩側及立框前後各有一支回紋站牙抵夾，屏心以雞翅木雕成各式樹木、山石；以象牙雕成樓閣、流水等多個嵌件，堆嵌成完整的大幅畫面，每個嵌件分別用羅釘固定。在山水樓閣間，分佈有用玉雕製的各式人物。作者採用多種雕刻手法，由近及遠，層巒疊嶂，把畫面處理得形象生動，具極高的藝術水準。

一五二　紫檀嵌黃楊木雕雲龍紋座屏　清中期

長三五六、通高三〇六釐米

故宮博物院藏

屏分三扇，紫檀木製成。八字形須彌式底座。浮雕勾蓮蕉葉紋。屏風上部安紫檀木高浮雕夔鳳紋三聯毗盧帽，雕夔鳳紋站牙。光素邊框，屏心以紫檀木浮雕流雲紋做地，中間嵌黃楊木雕龍戲珠紋。四邊紫檀木浮雕雙色萬字方格錦紋地。整體造型氣勢雄偉，雕刻技法高超，尤其是黃色的龍紋與黑色的紫檀木形成強烈的色彩反差，使圖案更加生動傳神。

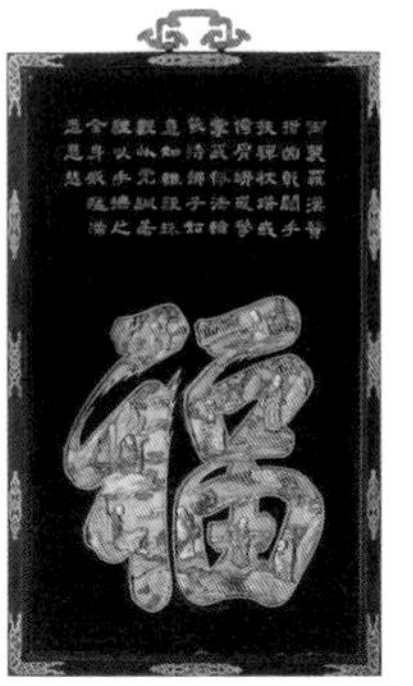

一五三　紫檀邊嵌牙仙人福壽字掛屏　清中期

寬五九·五、高九八釐米

故宮博物院藏

掛屏一對，紫檀木框，正面兩邊起線，當中鑲染牙鏤雕梭子紋。框內鑲黑漆心，當中嵌銅鍍金『福』字，另一件鑲『壽』字。在『福』字和『壽』字的槽內，以象牙着色手法嵌山水樹石，樹石間散佈十八羅漢。兩扇掛屏各九個。福、壽字的上方，用象牙着色手法凸嵌乾隆御製羅漢贊。

一五四　百寶嵌百子戲圍屏　清

寬二五、厚二、高一二三·五釐米

一九六五年購於大連文物店

旅順博物館藏

屏共六扇，木胎，深漆地上以螺鈿、象牙、獸骨、碧玉等鑲嵌出百子庭園娛嬉的場景。屏風正面為通景，畫面上嵌亭榭樓閣、曲水小橋、回廊雕欄，其中有婦人孩童或結伴賞景，或追逐嬉戲。屏風四周嵌有星花紋，每扇下有一靈獸。絢麗多彩，氣韻高雅。屏風背面褐漆地飾金彩花卉。

（王智遠）

一五五　彩漆雲雷紋衣架　戰國

復原長二六四、高一八一·五釐米

一九七八年隨州曾侯乙墓出土

湖北省博物館藏

木胎，斫製輔以雕製。由圓座、立柱、橫樑三部分組成。兩個圓包餅座上各立一圓柱，立柱的上、中、下三處有方狀凸框，立柱上端橫置一根兩端作獸首上翹的圓木橫樑。通體髹黑漆，並用紅漆繪雲紋、綯紋、三角雷紋和雲雷紋等圖案。

（劉家林）

一五六　漆兵器架　漢

通高八七·五釐米

湖南省博物館藏

器身由底座及屏板兩部分組成，通體木胎髹漆，施加彩繪。方形盝頂式底座，八棱式立柱，中間收細並雕圓珠。屏板長方形，以彩漆描繪雲氣紋。圖案動感強列，具極高的藝術水準。屏板正中及兩側安裝托勾，上部一支，左右各兩支，用於擺放刀、劍等兵器。

一五七　黃花黎鏤雕人物樹圍　明

長一〇九、寬六二·五、高九四·四釐米

故宮博物院藏

四面鏤空，每面分三層打槽裝板。上層透雕葡萄紋，中間透雕捕魚圖，刻畫漁夫搖櫓、撒網的生動情景，下層為菱花式透欞。兩腿間有雲頭形壼門牙板，方腿直足。

樹圍，又名護樹圍子，為庭院中護花木之用。此樹圍雕刻精美，為傳世孤品。

一五八　黃花黎五屏風式龍鳳紋鏡臺　明

長四九·五、寬三五、高七七釐米

故宮博物院藏

通體黃花黎木製成。臺座兩開門，中設抽屜三具。座上安五扇小屏風。中扇最高，兩側漸低，並依次向前兜轉。屏風上搭腦均高挑出頭，絛環板全部透雕龍紋、纏蓮紋。惟正中一扇圓形開光透雕龍鳳紋圖案。外留較寬的板邊，不施雕刻，至四角再鏤空雕透。這裏運用了虛實對比的手法，使透雕圖案顯得更加突出。臺面四周有望柱，鑲透雕龍紋絛環板。

一五九　紫檀三層書架　明

長一〇一、寬五一、高一九一釐米

故宮博物院藏

書格三層，整體均為紫檀木製成，惟背後正中直貫三層的板條為黃花黎木。四面平式，正面開敞，三面鑲攢接欞格。腿足外圓內方。明式家具採用此法較多，具通透空靈之感。

一六〇　黃花黎龍首衣架　明

長一九一．五、寬五七、高一一八釐米

故宮博物院藏

搭腦兩端雕出鬚髮飄動的龍首，中牌子上分段嵌裝透雕螭紋絛環板。兩根立柱下端有透雕螭紋站牙抵夾，如意雲頭式抱鼓墩。中牌子下部和底墩間原有橫棖和欞板，尚有被堵沒的榫眼痕跡。各部榫卯均為活榫，可拆裝。

一六一　酸枝木雕花面盆架　清中期

直徑五六、通高一八〇釐米

故宮博物院藏

紅酸枝木製成。上下兩組直棖，分別由三條直棖交叉結合，連接六條腿足。兩後柱較高，頂端安搭腦，兩端雕出回卷的龍頭。搭腦下方鑲壺門形券口牙子。兩側裝雲龍紋托角牙，架框正中鑲中牌子，浮雕雲紋和龍紋。再下裝一橫棖，兩空檔中各安壺門式牙條。

一六二　雕花木書架　清

長六二、寬一八·五釐米

新疆維吾爾自治區博物館藏

書架一木製成。其作法是用一整塊厚板從兩側向中間破開，而中間不斷，然後在木板平面處鏤出可活動但不可分離的線口。將兩片木板打開，便可交叉站立，可用於擺放書籍。左右兩面各浮雕帶有阿拉伯風格的圖案，下側開出雲紋亮腳，造型奇特，傳世實物不多，具重要歷史及藝術價值。

一六三　雕花几面板　戰國

長六〇·四、寬二三·七、高四八釐米

一九五七年信陽長台關一號墓出土

河南省文物考古研究所藏

木胎，雕製輔以斫製。几面為整木雕成，兩端窄，中部弧外擴而較寬。面板兩端下各有圓柱狀足四根，分別插於方形橫木座上。通體髹黑漆，几面兩端陰刻獸紋，中部陰刻勾連雲紋。

（劉家林）

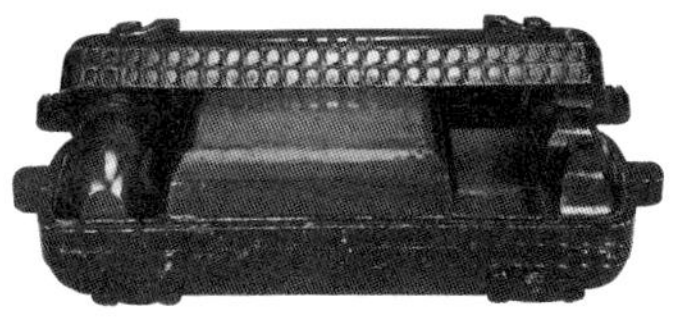

一六四　方格雲紋酒具盒　戰國

通長七一·五、寬二五·六、高一九·六釐米

一九八六年荊門包山二號墓出土

湖北省博物館藏

木胎，挖製輔以雕製。由蓋、器身組成。整器呈圓角長方形，兩端各有一龍嘴形短柄。盒裏分四段六格，分別置放八件耳杯、二件壺、大盤與小盤各一。子母口上承蓋，蓋頂較平。蓋面與器身兩側浮雕十字形交叉的方格紋四排，內填雲紋的龍身鱗片，身外側下部兩端浮雕雲紋組成的龍足。盒裏髹紅漆，盒外髹黑漆。酒具盒出土時套在一皮囊內。

（劉家林）

一六五　刻花鎏金鳳紋銀盒　唐

長一二、寬一二、高一〇釐米

陝西西安出土

陝西歷史博物館藏

銀盒盝頂，方形，四壁鏨刻鳳紋、花鳥紋，盒蓋鏨纏枝花紋。上平面亦刻對稱花卉。魚仔紋地。下面裝扣吊，可以上鎖。盒、匣、箱同屬一類器物，論造型、結構它們之間沒有截然不同的定義。一般以大小區分，大者為箱，次為匣，小為盒。因此，這件小銀盒亦足以代表唐代箱匣的特點和風貌。

一六六　家具明器（二套）　明

一九六〇年上海盧灣區明代潘允徵墓出土

上海博物館藏

家具模型二套。其中一組為客廳陳設，正中設大長桌，兩側各設官帽椅一隻，前設小桌，當中擺火盒，左側放立櫃，右側擺長桌。簡單樸素，為墓主人生前生活寫照。對研究明代家具陳設格式有重要的參考價值。

另一組為臥室陳設，中心為江南地區流行的拔步床，左為重疊的兩隻衣箱、衣架、長榻小長方几等，右側為衣櫃、長方桌、盆架、巾架等。長桌上放燭臺，表現了明代江南地區明代臥室陳設風貌。

墓中出土家具明器有拔步床一隻，上有頂板，下有踏板，前有廊廡，床棚的下面用棕編織，上面用竹編。床的四周圍繞著透雕『卍』字形欄杆，並配有鏈條的銀帳鉤一副，床高三六釐米。榻二隻，榻面下用棕繩編織，上鋪竹席，高六釐米。靠椅一對，座面用竹編成，下面托有木板，高一八·五釐米。立櫃一對，內分上下二格，中有隔板一層，兩扇櫃門之間有隔梁。櫃門之內有橫隔梁，櫃門和隔梁上有銅環，可以上鎖，通高二三釐米。大長方桌一隻，案形結體。高一三·五釐米。小長方桌二隻，高七釐米。長几兩隻，高一三·五釐米。衣架一隻，高二八釐米。巾架一隻，高二四·五釐米。

一六七　木榻　金

長四〇・四、寬二五・五、高二〇釐米
一九七三年大同金代閻德源墓出土
大同市博物館藏

杏木質，硬板床面，面下雲紋四足，兩側腿間有橫棖。面上三面圍欄，以矮佬分為數格，緊貼床面鑲板，上部裝橫樑。圍欄上部向外張出，造型美觀，簡潔素雅。

攝影：張海雁、員新華（張麗）

一六八　木椅　金

見方一〇・五、高二〇・五釐米
一九七三年大同金代閻德源墓出土
大同市博物館藏

杏木質，四出頭式，面上立柱與腿足一木聯作，面有角牙，腿間裝四面平直棖。面上靠背扶手，兩端出頭，背板與後邊柱微向後彎，形成背傾角。直形搭腦兩端長出頭。這種椅形，在宋元時期其他墓葬出土資料中也有所見，反映了山西、內蒙古地區家具的特點。

攝影：張海雁、員新華（張麗）

一六九　木地桌　金

長一六・三、寬九・二、高一二・三釐米
一九七三年大同金代閻德源墓出土
大同市博物館藏

杏木圓形材製作。桌面厚實，下抹邊作矩形，四圓柱狀腿足直下。長側面腿間牙條連接，兩端留曲線形牙頭，外側角牙，其下安橫棖，短側面無牙條，安有雙橫棖較長側面的單棖略低，符合堅固穩定的力學原理。此桌造型具有墩實圓潤、古樸大氣的韻味。

攝影：張海雁、員新華（張麗）

一七〇　木供桌　金

長七九·五、寬五三、高七二釐米

一九七三年大同金代閻德源墓出土

大同市博物館藏

杏木質。桌面攢框鑲心，面下夾頭榫結構，窄牙條，小牙頭，四腿直下有明顯的側角收分。腿間裝直棖，前後高，兩側低。造型穩重，簡練舒展，與後來的明式家具極為相似。說明我國家具藝術早在遼金時期已具有很高的水準。

攝影：張海雁、員新華（張麗）

一七一　木茶几　金

面見方七·五、高一五·七釐米

一九七三年大同金代閻德源墓出土

大同市博物館藏

杏木圓形材製作，呈原木色。四腿修長，下部漸收且安四橫棖，側腳收分。此几造型簡練舒展，挺拔秀美，雖細腿尖足重心較高，但仍不失其穩健之感。

攝影：張海雁、員新華（張麗）

一七二　木盆架　金

直徑一二·八、高一八·八釐米

一九七三年大同金代閻德源墓出土

大同市博物館藏

杏木板形材製作，外表及腿足髹朱漆，已出現斑剝現象。盆座呈六棱狀，上開座口，內裏中空，並在束腰的下部安一橫和四斜棖相互交叉加強固定。座口橢圓形平沿外側棱形。沿下束腰甚高，分六段與腿接圈，每段皆嵌裝鏤雕的『卍』字紋絛環板。六條扁棱形三彎腿，腿漸收分至足。足部尖銳而外翻翹，乃至着力面僅為一條線。腿部看似纖巧活潑彎度誇張，卻頗具仿金屬器的瘦勁與硬朗風度。腿上部寬闊的如意雲紋披水牙分段相接，牙深度達腿之彎度最大處，更使整個座形顯現飽滿與華麗。此座造型別致，做工精良，觀賞性特別強，不愧上乘之作。

攝影：張海雁、員新華（張麗）

一七三　木巾架　金

杆長一五・二、高一八・八釐米

一九七三年大同金代閻德源墓出土

大同市博物館藏

杏木板形材製作，由十字形底座、立杆、搭腦三部分組成。底座用厚實的板材雕刻成上抹角十字交叉，底內凹，中央軒立杆，杆呈上有收分的柱形，柱頭束腰葫蘆式直抵搭腦。搭腦橫直兩端上翹雕三角雲頭式，其面用墨線色勒出雲紋。巾架造型簡潔靈巧，雕飾無多卻稚氣十足。

攝影：張海雁、員新華（張麗）

一七四　木影屏　金

長二五・七、寬一九、高二八・二釐米

一九七三年大同金代閻德源墓出土

大同市博物館藏

杏木板形材製作，呈原木色。整體由屏身和底座兩部分組成。屏面光素，屏背攢拱圓邊框及二道腰間橫棖抵背板，雲紋站牙夾抵屏身。造型簡潔大方，古樸傳神。

攝影：張海雁、員新華（張麗）

本書編輯拍攝工作，承蒙以下各單位
予以協助和支持，謹此致謝。

國家文物局
故宮博物院
承德避暑山莊
廣東省博物館
北京頤和園管理處
浙江省博物館
宜昌博物館
湖南省長沙市文物工作隊
河南省文物考古研究所
湖南省博物館
湖北省博物館
荊州市博物館
河南省內鄉縣衙博物館
蘇州博物館

中國國家博物館
南京博物院
旅順博物館
新疆維吾爾自治區博物館
陝西歷史博物館
上海博物館
大同市博物館
所有給予支持的單位和人士

本卷主編　胡德生
責任編輯　李　紅
　　　　　郭維富
封面設計　張希廣
攝　　影　胡　錘
　　　　　劉志崗
　　　　　孫之常
　　　　　劉小放
　　　　　鄭　華
圖版説明　胡德生
責任印製　王少華

圖書在版編目（CIP）數據

中國竹木牙角器全集·家具／《中國竹木牙角器全集》編委會編.—北京：文物出版社，2009.8
ISBN 978-7-5010-2746-0

Ⅰ.中... Ⅱ.中... Ⅲ.①雕刻—中國—古代—圖集②家具—中國—古代—圖集 Ⅳ.K879.32

中國版本圖書館CIP數據核字（2009）第053243號

中國美術分類全集

中國竹木牙角器全集

第5卷 家具

中國竹木牙角器全集編輯委員會 編

出版發行者 文物出版社
（北京東直門內北小街二號樓）

本卷主編 胡德生
責任編輯 李紅 郭維富
製版者 北京文博利奧印刷有限公司
印刷者 文物出版社印刷廠
經銷者 新華書店
二〇〇九年八月第一版第一次印刷
書號 ISBN 978-7-5010-2746-0
印張 一八·七五
定價 三二〇圓